교회오빠
이관희

오은주·이호경 지음

국민일보

이관희 집사가 임종촬영을 허락하면서 한 말

"하나님은
눈부신 삶을 사는 사람을
증거로 삼기도 하지만

고통 속에서
주님을 놓지 않으려는 사람도
증거로 삼으신다."

추천사
이관희 집사님을 추모하며…

김양재 | 우리들교회 담임목사

2018년 9월 16일 새벽, 이관희 집사님이 주님 품으로 가시기 직전 저는 미국의 시애틀형제교회에서 이관희 집사님에게 전화로 마지막 기도를 해드렸습니다. 그때 이관희 집사님 곁에서 임종을 지켜보시던 신 목사님은 그 경황없는 중에도 이 집사님이 '아멘'을 분명히 세 번이나 했다고 전해주셨습니다. 그리고 저는 그 이튿날 타코마제일침례교회 집회 때 집사님의 소천 소식을 들으며, 그 교회에서 이 집사님의 <교회오빠> 간증을 틀었습니다. 모두가 다 절묘한 타이밍이었습니다. 이관희 집사님은 그렇게 마지막 순간까지도 그렇게 사명을 감당하고 떠나셨습니다. 참으로 짧은 생을 살았지만, 이관희 집사님은 날마다 큐티를 하며 마지막 순간까지 말씀대로 믿고 살고 누리는 삶의 진정한 모습을 우리들에게 보여주었습니다.

"하나님이 이런 식으로 고쳐주실까 하는 생각이 들었고 짠하고 회복이 될 수 있었으면 좋겠다는 생각도 한때 했지만, 예레미야 묵상을 하면서 바벨론 포로생활이 길고도 멀지만, 공동체 안에서 말씀 안에서 영육이 회복되는 것이 참 감사하다…. 우리들교회에 오면서 내 죄를 보라고 자꾸 하는데, 통증을 동반한 피를 쏟을 때 내 죄 때문에 찢어지도록 가슴이 아팠다…. 하나님께서 재산이나 다른 것으로 치실 수도 있었는데 어찌할 수 없는 생명으로 치시니 하나님 앞에 급겸손해질 수밖에 없어서 하나님이 저의 교만을 다루시는 것으로 깨닫게 되었다…."

이관희 집사님은 항암치료를 스물여덟 번이나 하면서도 우리들교회의 양육프로그램을 이수하시고, 공동체 소그룹 모임(목장)에 빠지지 않고 참석하는 것이 이 세상에 가장 큰 기쁨이었다고 하셨습니다. 그리고 그것 때문에 투병생활을 잘할 수 있었다고 간증해주셨습니다.

또 한가지 감사한 일은 마지막 순간까지도 맑은 정신으로 성경을 보고 설교를 듣기 위해 모르핀성분의 진통제를 맞지 않았다는 것입니다. 정말 꺼져가는 촛불처럼 생명의 빛을 잃어가면서도 마지막 순간까지 큐티를 하며 말씀대로 믿고 살고 누리다 천국으로 갔습니다. 우리 믿음의 사람들에게는 분초를 다투는 시한부 삶을 살면서도 예수님의 보혈로 인하여 거룩을 이루어가는 본보기를 보여주었고, 믿지 않는 사람들에게는 하나님께 의지함으로 시한부 삶도 얼마든지 기쁘고 은혜롭게 살아갈 수 있다는 것을 보여주었습니다.

이렇게 삶으로 보여준 이 집사님의 간증과 투병기가 그의 아내 오은주 집사님의 눈물로 기록되어 한 권의 책으로 남겨졌습니다. 이제 그는 비록 이 땅에서의 삶을 마쳤지만, 이렇게 남겨진 한 권의 책이 시한부 삶을 사는 환자들은 물론, 영육 간에 고난을 겪고 있는 많은 영혼을 살리는 귀한 사명을 감당하게 될 것입니다.

그리고 이제 오은주 집사님 또한 남은 자가 되어 이관희 집사님이 다하지 못한 사명을 잘 감당하기를 기도합니다. 하나님께서 저를 젊은 나이에 혼자가 되게 하셔서 사명을 감당하게 하신 것처럼, 오은주 집사님의 남은 삶에도 분명한 하나님의 계획이 있을 것입니다. 성도의 삶에 우연은 없습니다. 이관희 집사님이 그러했던 것처럼 담대하게 십자가의 길을 걸으며, 그간의 고난을 약재료 삼아 많은 영혼을 살리는 사명을 잘 감당하시기 바랍니다.

추천사

선물처럼 다녀가신 이관희 집사님

이찬수 | 분당우리교회 담임목사

너무나 사랑하셔서 하나님께서 먼저 데려가신 이관희 집사님은 하나님께서 우리에게 주신 소중한 선물입니다.

집사님은 그 짧은 인생의 여정에서 한 개인이 몇백 년을 살아도 다 이루지 못할 큰 사명을 감당하셨습니다. 그래서 지금도 이관희 집사님을 잊지 못하고 있고 감사의 마음이 그치지 않고 있습니다.

아내 오은주 집사님께도 감사드립니다. 지금도 여전히 중심을 잘 세워 나아가시는 견고한 모습을 보게 됩니다. 우리가 응원하며 기도해 드려야 할 우리의 귀한 지체이고, 오은주 집사님을 우리에게 선물로 주신 하나님께 감사드립니다.

이번에 이관희 집사님의 아름다운 삶과 믿음을 담은 책이 나왔습니다. 이 책을 추천합니다. 이 책을 읽으시되 정독하시길 권합니다. 정독하시며 읽으시되 한 번으로 그치지 마시고, 믿음이 흔들리실 때마다 읽으시기 바랍니다.

험악한 이 땅을 살아가시는 모든 성도님들을 위해 선물처럼 다녀가신 이관희 집사님이 그립습니다.

추천사

현대판 욥과 같은 이야기

주성길 | 평광교회 부목사

이관희 오은주 집사님의 현대판 욥과 같은 이야기가 KBS스페셜 '앎, 교회오빠'와 영화 '교회오빠'를 통해 많은 사람들의 마음에 울림을 주고 있습니다.

관희 집사님이 KBS스페셜 방송을 촬영하면서 잠시 고민을 토로한 적이 있었습니다. 자신의 삶을 통해 예수님의 사랑이 전해지고 또한 고난 가운데 있는 분들에게 용기를 주기를 바라는데, 소망하는 바와 달리 사람들의 시선이 자신에게 집중되어 자신의 의가 드러날까 염려하였습니다. 혹시나 자신이 미화되어 성정이 다른 사람으로 과대포장되는 것을 경계하였던 것입니다.

이관희 집사님은 여느 교회 청년들과 같이 신앙과 삶(결혼, 직장생활, 진로 등)에 대해 늘 고민하던 청년이었습니다. 또한 고난의 어려움 앞에 한없이 흔들리고, 낙심하고, 괴로워하였던 우리와 동일한 모습을 가진 이였습니다.

그러나 관희 집사님이 다른 청년과 다른 점이 있었다면, 정신없이 몰아치는 고난 앞에서 불안과 두려움에 빠져있다가도 끊임없이 말씀을 붙잡으려 하였고, 말씀으로 고난을 재해석하려 하였고, 말씀이 마음 중심에 자리매김하도록 치열하게 씨름하였다는 것입니다.

그렇기에 관희 집사님이 보여주신 삶은 하나님의 사랑과 함께하심을 신뢰하며 힘겹게 한걸음 한걸음을 옮기는 믿음의 여정이었으며, 비범하지 않아도 우리 또한 '하나님의 은혜아래 그렇게 할 수 있다'라는 도전의식과 용기를 주는 메시지라고 생각합니다.

이관희 집사님과 동일하게 믿음의 여정을 걸으며 우리에게 같은 메시지를 주고 있는 오은주 집사님과 소연이 그리고 동생 이현희 집사님을 응원하며, 이 책을 통해 하나님의 사랑이 믿음의 사람들뿐만 아니라 힘겨운 시간을 보내는 많은 분들에게 전해지기를 기도합니다.

추천사

주님이 하셨습니다!!

남기웅 | 커넥트픽쳐스 대표

2018년 여름, KBS와의 업무미팅을 통해 이관희 오은주 부부의 사연을 뒤늦게 알게 되었습니다. 이후 간증과 방송을 통해 받은 충격과 감동이 큰 은혜로 다가왔습니다.

가정이 깨어질 뻔한 위기 가운데 하나님을 만나며 주신 가정의 회복과 은혜가 너무나 컸기에, 이 부부의 삶과 고백을 보며 제 자신과 가정이 다시 한번 살아나는 놀라운 경험을 했습니다.

절망과 고난 중에 있거나 가정의 위기에 놓인 많은 분들이 이 부부의 삶과 고백을 알게 되면 위로를 넘어 살아날 텐데 하는 안타까운 마음과 함께 시간과 물질, 여러 사람들의 노력을 들여서라도 영화로 이야기를 전해야 하는 부담감을 주셨습니다.

고난 가운데 순전한 믿음을 지켜내는 것이 이관희 오은주 집사님의 사명이었다면, 이호경 감독님을 비롯한 KBS제작진들에게는 이 슬픈 이야기를 기록으로 남기는 것이 그들의 사명이 되었습니다. 위대한 기록으로 완성된 영화를 세상에 전하고 알리는 것이 저와 홍보팀의 사명이 되었고, <교회오빠>가 방송, 영화와 책을 통해 세상에 전해지는 과정 가운데 너무나 많은 동역자들과 기도후원자들을 보내주셨습니다.

이 모든 과정이 오은주 집사님의 고백처럼, 한치의 오차 없으신 하나님의 계획과 인도하심이라 믿습니다.

이관희 오은주 집사님 부부의 이야기와 <교회오빠>의 사명인 예수 그리스도의 사랑이 전해지는 곳마다 무너진 영혼, 가정, 공동체 그리고 교회가 회복되고 살아나서 하나님께 영광 돌리는 역사가 이어지길 기도합니다.

추천사

천국에서 뵙겠습니다!

신애라 | 탤런트, 영화배우

2년 전쯤 교회오빠라는 다큐멘터리를 보게 되었습니다.

그리고 이관희 집사님을 한번 뵙고 싶었습니다. 연락을 드렸지만 뵐 수는 없었습니다.

이관희 집사님은 어떠한 상황 속에서도 하나님에 대한 신뢰를 놓지 않음으로써 자신의 사명을 잘 감당해 내셨습니다.

하지만 그의 진짜 사명은 이제부터입니다.

누구에게나 주어지는 하루하루의 삶을, 누구나 맞이하는 죽음을 우리는 과연 하나님의 은혜 안에서 어떻게 풀어낼지에 대한 숭고한 고민의 기회를 주는 것, 그것이야말로 고 이관희 집사님의 지금부터의 사명이라고 생각합니다.

한 알의 밀알이 땅에 떨어져 많은 열매를 맺듯이, 고 이관희 집사님의 죽음을 통해 많은 믿음의 열매가 맺어지기를 기도합니다.

하나님을 아직 모르시는 분들께 권해드리고 싶고, 하나님을 이미 알고 계신 분들께는 더욱더 권해 드리고 싶은 이관희 집사님의 이야기입니다.

만나보고 싶었던 이관희 집사님, 천국에서 뵙겠습니다.

서문

총감독 되신 하나님

최고의 감독과 촬영팀을 기적처럼 붙여주시고,
비기독교인인 그들을 감동시켜 일하게 하시고,
세계 유수의 다큐멘터리상을 선물로 주신
하나님의 인도하심에 저는 감탄을 금할 수 없습니다.

사랑의 하나님은
남편의 신실한 '삶과 신앙'을
아름다운 작품으로 완성시키셨고,
우리가 상상하지 못한 방식으로
공영방송을 통해 세상에 대놓고 자랑하셨습니다.

돌이켜 보면 한 장면 한 장면이

그저 불행한 사건의 연속으로 보였는데,
총감독 되신 하나님의 손길을 거치고 나니
그 모든 것이 훌륭한 작품으로 변화되었습니다.

남편의 말이 맞았습니다.
"하나님은 눈부신 삶을 사는 사람을
증거로 삼기도 하지만
고통 속에서 주님을 놓지 않으려는 사람도
증거로 삼으십니다."

온몸을 던져 믿음을 지킨
너무나 사랑스런 주연배우 남편 덕분에
그저 열심히 뛰어다니기만 한 제가
훌륭한 조연배우가 된 기분입니다.

그런데 영화가 끝이 아니라고 하십니다.
책을 출판할 생각도 여유도 없었는데
딱 마음에 맞는 출판편집팀을 보내주셔서
남편을 보내고 의욕이 없던 제 마음 문이 열렸습니다.

제 마음속에 담아두었던 이야기를
그분들의 가이드에 따라
솔직담백하게 적어보았습니다.

이끌어주신 국민일보 박정희 부국장님, 박효진 기자님께
그리고 책을 선뜻 출판해주신
국민일보 변재운 사장님, 정진영 종교국장님께
진심으로 감사드립니다.

그동안 저희 부부를 아껴주고 기도해주신 모든 분들,
특별히 김양재, 이찬수, 주성길 목사님과 이호경 PD님,
그리고 딸 때문에 고생 많으신 부모님,
"존경합니다. 그리고 사랑합니다!!"

오직 하나님의 은혜에 감사찬양 드리며
천국 가서 남편을 다시 만날 때까지
온전히 하나님께 순종하는 삶을
소원하고 간구합니다.

'교회오빠' 이관희의 아내 오은주

CONTENTS

추천사

이관희 집사님을 추모하며… | 김양재 (우리들교회 담임목사)   004

선물처럼 다녀가신 이관희 집사님 | **이찬수 (분당우리교회 담임목사)**   007

현대판 욥과 같은 이야기 | **주성길 (평광교회 부목사)**   009

주님이 하셨습니다!! | **남기웅 (커넥트픽쳐스 대표)**   011

천국에서 뵙겠습니다! | **신애라 (탤런트, 영화배우)**   013

서문   총감독 되신 하나님   015

1부

이호경 PD가 전하는 **교회오빠 이관희가 남긴 명언들**   022

00   들어가는 글   024

01   환자의 때에 주어진 사명   032

02   어머니의 비극적 죽음 앞에 드린 기도   040

03	나의 죄는 무엇인가	046
04	암이 고마운 한 가지 이유	054
05	암 재발 후 절망에서의 회복	062
06	암을 통해 얻은 깨달음	068
07	우리를 향한 하나님의 마음	076
08	우리들교회와의 인연	080
09	나만의 손익계산서	086
10	당신은 왜 더 살아야 합니까?	092
11	놀라운 투병의지	100
12	두 번째 재발 후 교회오빠 이관희의 마음	106
13	어린 딸에게 주는 아빠의 마지막 선물	112
14	마지막 고통, 단절된 느낌	118
15	말기암의 통증을 모르핀 없이 참아내다	124
16	이 땅에서의 마지막 언어	132
17	아주 인상적인 임종	138
18	진짜 살아있는 욥을 만난 기분	144

CONTENTS

2부

아내 오은주가 전하는 우리에게 닥친 고난과 하나님의 은혜 150

01 첫사랑 이관희 153

02 달콤했던 연애의 쓴맛 159

03 엄마가 원하는 남자, 내가 좋아하는 남자 165

04 황당한 프러포즈 171

05 전쟁 같은 신혼 끝에 찾은 행복 177

06 첫 번째 고난, 남편의 대장암 4기 183

07 사람들의 핍박과 상처 그리고 시집살이 193

08 두 번째 고난, 시어머니의 죽음 199

09 고통 중에 찾게 된 암환우 카페 '아름다운 동행' 205

10 세 번째 고난, 은주의 혈액암 4기 209

11 멍게와 문어가 된 부부 215

교회오빠 이관희

12	암환자 커플의 사랑법	221
13	노래자랑 대회와 '다 함께 하하하'	227
14	KBS 이호경 PD와의 만남	231
15	큰 수술을 이틀 앞두고 간증을 한다고?	237
16	하이펙 복막전이암 수술과 KBS스페셜 '교회오빠'	243
17	두 번째 암 재발 후 보내주신 위로의 메신저	251
18	제주도 요양 3개월 후 응급실 입원	257
19	우리 세 식구 조금만 더 살면 안 되는 건가요?	263
20	모르핀을 거부하고 임종하다	269
21	영화 '교회오빠'의 완성	279
22	수고했다, 은주야!	283

"위 이미지는 고 이관희, 오은주 집사님에게 깊은 감동과 도전을 받은
햇살콩(김나단X김연선) 작가 부부가 재능기부로 작업해주셨습니다."

이호경 PD가 전하는

교회오빠 이관희가 남긴 명언들

1부

들어가는 글

00

동시녹음 김판중, 감독 이호경, 촬영 백우정, 음악 박인우, 동시녹음 남승준 (사진 왼쪽부터)

'교회오빠'
이관희 오은주 부부와의 만남

나는 이관희 오은주 부부와

'아름다운 동행'이라는 네이버 암환우 카페에서 만났다. 그래서 지금까지도 그 커뮤니티에서의 닉네임으로 서로를 부른다. 나는 가입 당시 컴퓨터 앞에서 마시고 있던 차 이름인 '철관음'을 닉네임으로 정했고, 오은주는 좋아하는 견과류 '마카다미아'로, 이관희만 무슨 비행기 기체 재료로 쓰임직한 '두나미스'였다.

알고 보니 '두나미스'는 "성령님의 능력을 받아서 땅끝까지 주님의 증인이 되리라"는 뜻의 헬라어 문장에서 따온 것이라고 한다. 그래서 인터넷 카페 닉네임에 그렇게 어려운 걸 갖다 쓰면 어떡하느냐고 오은주는 이관희의 센스에 어이없어했다.

내가 이관희를 '두나미스 님'이라고 부르니 자연스레 우리 촬영팀 멤버들도 '두나미스 님'으로 부르게 되었다. 그런데 '두나미스 님' 대신 어느 날부터 '감독님'이라는 별명이 등장했다. 물론 면전에서 그렇게 부를 수는 없고, 촬영팀 내에서만 은밀히 부르던 별명이었다. 고려대학교 재학 중 방송반에서 PD를 한 적이 있다는 과거 이야기를 듣기도 해서이지만, 결정적인 계기는 제주도 새별오름에서 있었다.

방송국 촬영팀이 가장 싫어하는 촬영이라면 등산 장면과 비오는 날 촬영일 것이 분명하다. 출연자가 산을 오르면 그 오르는 모습을 앞에서 찍고 뒤에서 찍고 다시 앞에서 찍고 뒤에서 찍고, 심지어 옆 비탈에서 넓은 앵글의 풀샷을 찍어야 하는 영상 문법을 무시할 수 없기에, 출연자가 한번 산을 오르면 촬영팀은 최소 다섯 번은 산을 오른다는 각오를 해야 한다. 어쩌다 출연자의 걸음이 빠르기라도 하면 그날은 지옥문이 열리는 셈이다.

이관희 오은주 부부가 제주도 새별오름을 오르기로 한 날은, 게다가 비까지 내리는 날이었다. 요즘 다큐멘터리의 추세가 렌즈 교환식 디지털시네마카메라로 촬영하기에, 비가 오면 렌즈를 교환할 때 카메라 센서에 빗물이 들어갈까 봐 노심초사한다. 고가의 장비가 한순간에 망가질 위험이 있어 대부분의 촬영감독은 비 오는 날 야외촬영을 거부하기 십상이다.

비는 내리지, 산은 올라야지 하니까 촬영팀은 기합이 바짝 들어가 있었다. 드디어 등산이 시작되었다. 해발 500여 미터 새별오름의 그 끔찍한 경사를 뛰어다니는데 생각보다 놓치는 장면 없이 순조롭게 진행됐다. '어라, 이럴 리가 없는데?' 고개를 갸웃거리며 나는 부부의 움직임을 다시 관찰하기 시작했다.

우리가 한 장면 촬영이 끝나고 다음 장소로 헐레벌떡 뛸 때, 이관희는 자연스럽게 산길 옆의 꽃을 본다든지 하면서 걸음을 멈춰 우리가 이동할 시간을 벌어주고 있었던 것이다. 우리가 이동을 끝내고 장비 세팅을 마칠 때쯤 되면 그는 다시 천연덕스럽게 출발하고 있었다. 그것도 모르고 우리는 오늘따라 우리가 팀워크가 잘 맞아 신속하게 이동하며 정교한 촬영을 하고 있는 줄 착각했던 것이다.

요양원이 있던 양평에서 자주 같이 산을 오르며 촬영을 했었는데, 아마 영민한 이관희가 그때 촬영팀을 배려하는 법을 몸에 익혔던 것 같았다. 그날 새별오름에서의 촬영 후부터 그 배려에 감동한 촬영팀은 이관희를 내부에서 '감독님'이라고 부르게 되었다.

돌이켜보면 어떤 방향으로 촬영할지, 병은 어떻게 진행될지, 앞으로 부부의 운명은 어떻게 될지 한 치 앞도 내다볼 수 없는 3년의 시간 동안, 우리는 부부만을 바라보면서 부부가 보여주는 모습만을 기록했다. 어디 나들이를 가자거나 누군가를 찾아가자는 등 억지스러운 연출은 전혀 무의미했기에 극도로 자제했다.

굳이 현장에서 상황을 만드는 연출자의 능력이 필요하지 않았고 모든 촬영은 부부를 따라가며 한 컷 한 컷 영상으로 담는 것이었으니 우리로서는 촬영의 모든 키를 쥐고 있는 이관희를 '감독님'이라고 부를 만했다.

영화 속 주옥같은 대사는 모두 그런 과정에서 자연스럽게 등장했다. 너무나 평범해서 의미 없을 수도 있는 일상의 촬영에서 이관희 오은주 부부가 내뱉는 대화들이 문득문득 그 촬영을 의미 있게 해주었다. 3년 동안 어마어마하게 기록했던 대화들을 편집과정에서 선별하는 일도 결코 쉬운 작업이 아니었다.

기독교적인 이야기도 많았기에, 그 내용을 잘 몰라서 혹은 그 의미를 해석하지 못해서 영화편집에 쓰지 못한 부분이 분명히 많았을 거다. 그런 점에서 제작진이 크리스천이 아니라 참 속터질 노릇이었지만, 오히려 크리스천들은 일상적이어서 놓칠 수 있는 부분들을 비기독교인이기에 더욱 주목하고 잡아낼 수 있었다고 믿는다. 지독한 크리스천 부부를 불신자들이 촬영하는 이 아이러니에 대해 네이버 카페 '아름다운 동행'에서는 '그게 하나님의 일하시는 방법'이라고 위로해 주는 회원도 있었다.

제작진이 크리스천이 아니었기에 고충은 또 하나 있었다. 일반인의 눈으로 참 믿기 힘들고 이해하기 힘든 이관희의 행동 하나하나, 발언 하나하나에 '저게 가능해?'라는 심정으로 의심의 눈초리로 지켜보아야 했다. 게다가 감독인 나는 대학시절 지독한 유물론자이기도 했다.

촬영 첫날부터 임종의 순간까지 그의 말과 행동에 촉각을 곤두세우고 따라갔다. 그 믿음의 근거와 진정성을 확인하고 싶었다. 출연자와 촬영팀 사이의 긴장관계는 어쩔 수 없었다. 우리는 우리가 납득할 수 있는 모습 위주로 촬영했고, 결국 비기독교인의 눈으로 본 이관희의 삶의 모습이 그려질 수밖에 없었다.

영화 '교회오빠'의 감독으로서 촬영기간 내내 내게 깊은 인상을 남겼던 이관희 오은주 부부의 말들을 있는 그대로 정리해본다. 이것은 시나리오 대본에 쓰여 있는 활자화된 대사가 아니다. 이 부부가 자기들 앞에 몰아쳐오는 폭풍에 맞서 처연하게 뱉어낸, 피와 살이 묻어있는 생명의 언어이다.

이 영화를 본 관객들에게도 그리고 이 책을 읽는 독자들에게도 내가 받았던 강렬한 울림이 전해지기를 바라는 마음 간절하다.

또한 이 언어들이 각자에게 새롭게 재해석되어 생명력을 얻게 되기를 그리고 이 영화와 함께 오래오래 기억되기를 소망한다.

처음 원고청탁을 받았을 때 나는 KBS 프로그램 제작으로 분주해서 망설일 수밖에 없었다. 하지만 영화라는 시간제약 때문에 충분히 전하지 못한 '교회오빠' 부부의 진면목을 세상에 알릴 필요성에 공감해서 동참하기로 했다.

내가 예상했던 것보다 훨씬 감동적인 책을 만들어 주신 국민일보 박정희 님께 감사드리고, 3년 동안 함께 고생한 촬영팀(촬영 백우정 동시녹음 김판중, 남승준, 사운드 김지환, 음악 박인우) 모두에게 박수를 보내고 싶다.

그리고 공동저자인 '교회오빠' 이관희의 아내 오은주 씨를 위해 나는 인세를 받지 않기로 했음을 밝히면서 서문을 대신하려 한다.

이호경 (KBS PD, 도쿄 PD특파원)

명대사

01

환자의 때에 주어진 사명

"저는 이 촬영이
환자의 때에 제게 주어진,
그리고 큰 고난을 겪고 있는
저희 가정에 주어진 사명이라 생각했기에
철저하게 무너진 저의 삶을 있는 그대로
주님께 내어드렸을 뿐입니다."

세상에서 가장 불행하게 보이는

부부를 섭외하기 위해서는 큰 용기가 필요했고, 섭외를 시도한 이상 꼭 허락을 받고 싶었다. 어렵게 출연 허락을 받아 촬영을 시작했고, 부부의 이야기는 2016년 12월 다섯 명의 4기 암환자 엄마들의 이야기를 엮은 KBS스페셜 '앎, 엄마의 자리' 편에서 오은주를 중심으로 소개되었다.

방송이 나간 후 어느 날 암환자인 누나를 따라 진료실에 들어갔는데 담당의사가 "방송 잘 봤어요. 그 부부 암환자 엄청나더라고요"라고 했다. 대학병원의 종양내과 교수임에도 부부 둘다 4기 암환자인 경우는 처음 봤을 뿐더러 그 기구한 사연과 터무니없이 쾌활한 부부의 이야기에 혀를 내둘렀다고 한다.

결국 시청자들의 폭발적인 반응에 힘입어 그 다음 해인 2017년 12월 이관희 오은주 부부만의 이야기가 한편 완성되었고 KBS 스페셜 '앎, 교회오빠' 편으로 방송되었다.

2016년 처음 촬영을 시작하면서 이관희가 당부를 해왔다. '다른 암환우들에게 도움이 될 수 있다면' 하는 마음에서 촬영에는 응했지만, 방송에서 어머니가 자살한 사연은 절대 공개하지 말아달라고 했다. 직계가족 외에 친척들에게도 그 사실을 숨긴 채 장례식을 마쳤고, 지금까지 가족 외에 그 누구도 어머니가 자살로 생을 마감한 것을 모른다는 이유에서였다.

누구에게나 무덤까지 안고 가야 할 비밀은 있다. 친척들에게도 밝히지 못한 어머니의 사인(死因)을 전 국민이 다 보는 방송으로 밝힐 수는 없는 것이기에 나도 그 약속에 흔쾌히 동의했다.

그러나 일단 사실은 확인하고 싶었다. 따로따로 진행된 부부의 인터뷰 촬영에서 아내 오은주에게 그때 일을 물었다.

"… 그러다가 작년(2015년) 12월 31일에 옷방에 들어갔는데 어머님이 생을 이미 마감하셨더라고요. 옷걸이에 목을… 왜 그러셨어요, 어머님… 너무 죄송하더라고요. 어머님이 그렇게 힘든데 그걸 몰라서 죄송스러운 것 반, 원망스러운 것 반… 우리 남편 어떡하라고… 불쌍한 우리 남편 어떡하라고…."

"암 진단 받고 한 번도 안 울었거든요. 남편이…어머님이 그렇게 되니까 완전히 무너지더라고요. 그 자리에서… 그 자리에서 무너지는데도 덤덤하게 기도를 하더라고요. 그때 했던 남편의 기도를 제가 잊을 수가 없어요."

"그 와중에 어머님 눈을 감겨드리고 손을 잡고 '제가 암이라는 질병도 주님이 주신 축복이라고 생각하고 잘 견디고 있는데 저를 시험하지 말아 달라'고, '어떤 환란이 와도 제가 주님을 변함없이 사랑하겠습니다.'라고 기도를 하더라고요. 원망하는 기도를 하지 않았어요. 그 와중에 '하나님 감사합니다. 사랑합니다. 우리 엄마를 불쌍히 여겨주세요.' 이렇게 기도를 하더라고요."

이 인터뷰를 촬영하면서 솔직히 나도 카메라 뒤에서 얼마나 울었는지 모른다. 당신의 자랑이었고 유일한 희망이었던 아들에게 암이라는 병이 찾아왔는데, 심지어 완치가 어렵다는 4기 진단을 받았으니 그 어머니의 고통과 상심이 어떠했겠는가. 결국 우울증에 빠지게 된 어머니의 극단적 선택. 그 끔찍한 현장의 그림이 상상이 되었고 그 상황에서 효자 아들이 그런 행동을 했다는 자체가 경이로웠다. 늘 격한 감동은 어떤 일정한 상식과 패턴을 벗어날 때 생기는 법이다. 카메라로 촬영팀의 숨죽인 울음소리가 스며들어갈 정도였다.

방송을 앞두고 잔인한 PD의 욕심이 스멀스멀 기어 올라왔다. 어머니의 시신을 앞에 두고 했던 그의 기도가 인간 이관희를 이해하는 핵심 고리라고 생각해서 꼭 방송에 담고 싶었다. 아내의 인터뷰를 살려서 편집을 끝내놓고 방송 직전에 이관희에게 연출자로서의 욕심을 어렵사리 전했다.

내가 그 입장이었어도 쉽게 허락하지 않을 일이었다. 오래전 일이었는데 지금도 그때의 조바심이 기억날 정도로 긴장하지 않을 수 없었다. 촬영 초반에 그 사슴 눈을 끔뻑거리며 내게 간곡히 부탁했던 걸 생생히 기억하기 때문이었다.

그런데 몇 달간의 촬영으로 서로의 마음을 이해하는 상황이었던 덕분인지 이관희는 망설임 없이 대답했다. "철관음 님의 판단에 따르겠습니다. 그게 방송에 도움이 된다면 그렇게 하셔도 좋습니다." 그렇게 해서 방송에 어머니의 자살 이야기를 끼워 넣을 수 있었다.

혹시 마음이 변할까 봐 왜 그 아픈 가족사를 공개하기로 결심하게 되었는지 끝내 물어보지는 못했다. 훗날 우연히 유튜브에서 어느 교회 청년부 수련회에 보내는 이관희의 영상메시지를 볼 기회가 있었다. 그 유튜브에는 이관희의 심적 변화의 이유가 고스란히 드러나고 있었다.

"방송 후 많은 분들이 제게 이런 질문을 했습니다. '왜 당신은 당신의 삶 가운데 가장 숨기고 싶고, 드러내고 싶지 않은 그 아픔들, 철저하게 무너져 연약해져버린 모습들을 공영방송을 통해 세상을 향해 오픈하느냐? 이해할 수 없다'고 제게 묻습니다."

"세상을 향해 나의 능력을 과시해야 하고, 내 존재의 가치를 입증해야만 살아남을 수 있는 이 시대를 살아가는 많은 분들에게 이런 저의 모습은 적지 않은 충격을 던진 듯합니다. 저는 이 촬영이 환자의 때에 제게 주어진, 그리고 큰 고난을 겪고 있는 저희 가정에 주어진 사명이라 생각했기에 철저하게 무너진 저의 삶을 있는 그대로 주님께 내어드렸을 뿐입니다."

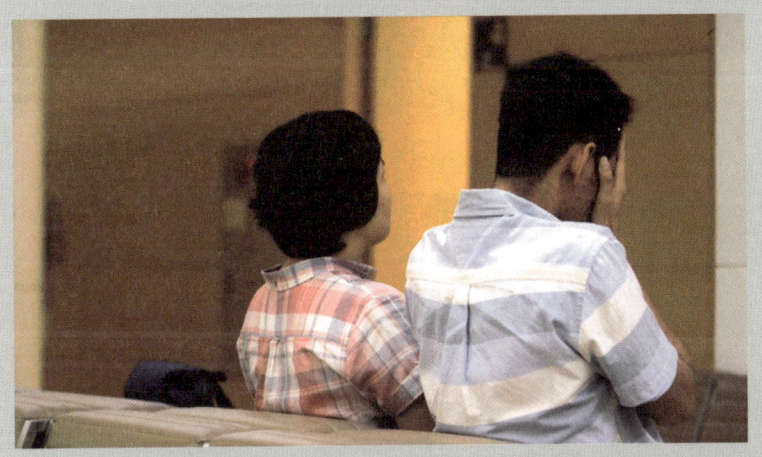
병원 대기실에서 이관희 오은주 부부

3개월에 한 번씩 검진결과를 듣기 위해
병원 대기실에서 기다리는 동안 암환자들은
피가 마르는 듯한 시간을 보내야 한다.

명대사 02

어머니의 비극적 죽음 앞에 드린 기도

"벼랑 끝에 위태롭게 서 있는
사랑하는 아들을 향해
두 팔 벌려 안고 계시는
주님의 손길"

이관희는 주님의 사명으로 받아들이고

고통스러운 자신의 이야기를 억지로 숨기지 않기로 결심한 것이었다. 여하튼 이는 촬영 이후에 일어난 심경의 변화였고, 그 당시 철저하게 무너져버린 상황에서 올린 그의 기도는 종교의 유무를 떠나 많은 사람들에게 충격과 의문과 감동으로 다가왔다.

어머니가 스스로 목숨을 끊은 그 비극적인 현장에서 어떻게 그런 기도를 할 수 있었을까? 어머니가 스스로 목숨을 끊고, 아내가 홀로 그 끔찍한 모습을 발견하고, 경찰이 오고, 그 아수라장에 뒤늦게 도착했던 이관희가 올린 그 기도는 도대체 어떻게 가능한 일이었을까?

그 단서는 또 다른 간증에서 찾을 수 있었다. 첫 방송이 나간 후 이관희는 자신을 교회오빠로 성장하게 해준 안양제일교회에서 그때의 기도에 대한 자신의 속 이야기를 털어놓았다.

"많은 분들이 제게 당신이 믿는 하나님, 그 하나님을 향한 당신의 믿음이 무엇이기에 사랑하는 그 어머니의 비극적인 죽음 앞에 하나님을 사랑하고, 하나님을 찬양한다고 고백할 수 있느냐고,

어떻게 그런 상황 속에서 하나님을 원망하지 않을 수 있느냐고 저에게 물었습니다."

"제 아내가 방송에서 제가 하나님을 원망하지 않았다고 인터뷰를 했는데 사실 그렇지 않았습니다. 저는 분명 눈으로 믿어지지 않고 아니 믿고 싶지 않았던 그 비극적인 현실 앞에서 깊이 절망했고 하나님께 원망하는 마음으로 기도를 시작했습니다."

"하나님, 제가 언제 암에 걸려서 하나님을 원망한 적 있습니까? 제가 그동안 주님께 드렸던 기도를 주님께서 너무나도 잘 아시잖아요. 사랑하는 아들의 질병으로 힘들어하는 엄마의 마음을 지켜 달라고… 그 상한 마음, 누구도 이해할 수 없는 그 상한 마음을 주님께서 직접 위로해 달라고 제가 그렇게 기도했는데, 이런 기도도 안 들어주시면 제가 앞으로 하나님께 어떤 기도를 드릴 수 있습니까?"

"저를 더 이상 시험에 들게 하지 말아 달라고… 저는 분명히 하나님을 원망하는 마음으로 제 입을 열어 기도를 시작했습니다. 그런데 그때 제 마음 가운데서 성령님께서 일하기 시작하심을 느꼈습니다. 제가 자식으로서 사랑하는 어머니의 죽음 앞에 절망하는 것과 가슴 아파하는 것과는 비교할 수 없는 깊이로 함께 애통해하시며 가슴 찢고 계시며 울고 계시는 주님의 마음이 제 마음에 전해졌습니다."

"그리고 저희 어머니를 품에 안고 눈물짓고 계시는 주님의 모습이 제 마음속에 그려지니까 이때부터 제가 감히 하나님을 원망할 수 없었습니다. 성령님께서 제 입을 통해 남은 기도를 이어가게 하시는 것을 느낄 수 있었습니다. 오직 주님만이 우리의 구원자이시고 지금 내가 느끼는 이 슬픔과 절망 그 누구보다도 정확히 아시며 내 슬픔보다 더 아파하시며 참된 위로를 해주시는 분은 우리 주님밖에 없음을 고백하니 그 후에 제가 쏟아낸 기도는 하나님을 위한 감사와 찬양이었습니다."

"어떤 환란이 와도 주님만을 사랑하겠습니다. 주님, 감사합니다. 주님만을 찬양합니다… 사랑하는 어머니의 비극적인 죽음 앞에 드린 이 역설적인 기도는 저의 어떤 이성적 의지의 표현이나 믿음의 고백이 아닌 일생의 절대절망 속에서 좌절의 나락으로 빠질 수밖에 없었던 제 삶을 구원하시기 위해 제 안의 성령님께서 극적인 반전을 이루셨음을 저는 확신합니다."

원망과 분노로 하나님께 항의하는 기도를 시작했지만, 이관희는 기도하는 그 순간에 본인보다 더 슬퍼하는 얼굴로 어머니를 안고 있는 예수님의 모습을 보았던 것이다. 비극적인 현실을 만났을 때, 나보다 더 슬퍼하는 사람에게 어떻게 원망할 수 있겠는가. 비로소 나는 이관희의 말을 납득할 수 있게 되었다.

본인의 4기 대장암 진단과 어머니의 자살, 그리고 4개월 뒤 아내의 혈액암 4기 진단. 이 엄청난 고난을 맞이한 이관희의 심정이 당시 그가 꾹꾹 눌러썼던 묵상일기에는 이렇게 적혀 있었다.

"벼랑 끝에 위태롭게 서 있는 사랑하는 아들을 향해 두 팔 벌려 안고 계시는 주님의 손길"

환난 날에 나를 부르라 내가 너를 건지리니 네가 나를 영화롭게 하리로다 시편 50:15

너는 내게 부르짖으라 내가 네게 응답하겠고 네가 알지 못하는 크고 은밀한 일을 네게 보이리라 예레미야 33:3

명대사

03

나의 죄는 무엇인가

"나에게 주어진
이 하루를
누군가를 미워하고
누군가를 증오하면서
보내고 싶지는
않은 거야."

오은주의 혈액암 4기 진단 이후

부부는 함께 공기 좋은 양평의 요양원으로 내려가 심신을 추스르는 시간을 가지게 되었다. 그곳에서 부부는 다른 암환자들과 함께 지내면서 오전에는 맑은 정신으로 날마다 큐티를 했다.

사실 이 부부를 촬영하기 전에 나는 큐티라는 단어 자체를 몰랐다. 단지 큐시트와 발음이 비슷하다고 느끼는게 우리 촬영팀의 수준이었다. 그런데 촬영 초반기의 느낌을 말하자면, 초등학교 선생님과 성적이 좋지 않은 학생의 방과 후 일대일 수업을 지켜보는 느낌이었다. 거리낌 없는 순수한 마음으로 질문하는 오은주와 알아듣기 쉽게 하나하나 해석해주며 큐티를 인도해 가는 이관희였다.

그날도 읍내에서 자고 온 촬영팀에게 모닝커피를 내려준 부부가 "모든 사람이 죄를 범하였으매 하나님의 영광에 이르지 못하더니" (로마서 3:23)라는 구절에 관해서 큐티를 했다. 그때 부부의 대화를 있는 그대로 옮겨본다.

이관희 모든 사람이 죄를 범하였으매 하나님의 영광에 이르지 못하더니… 이런 구절이 있는데 목사님이 설교하신 것처럼 음… 내가 나를 생각했을 때 내가 죄인이라는 게 인정이 돼? 은주가 생각하는 '나는 하나님 앞에 죄인'이라고 했을 때 그 죄가 어떤 거야? 내가 생각하는 죄, 나는 무엇 때문에 하나님 앞에 죄인이라고 생각할 수밖에 없어?

오은주 너무 많은 것 같아.

이관희 물론 여러 죄가 있지. 근데 그 본질을 꿰뚫는 뭔가가 있지 않아?

오은주 아, 내가 죄를 지었다. 내가 이런 거 잘못 했다. 내가 이런 걸 스스로 느끼는 것도 있지만, 내가 인지하지 못하고 있는 죄도 많다고 생각하거든.

이관희 알고 지은 죄, 모르고 지은 죄?

오은주 그렇지. 어. 그런 것도 많고…

이관희 왜 나보고 죄인이라고 하냐? 죄에 대한 정의를 좀 고민을 해 보면, 오빠가 생각하는 죄는 뭐냐면, 예수 그리스도를 믿는다는 게 중요하다고 생각하면 예수 그리스도를 온전하게 믿지 못한 게 나는 인간이 범한 죄라고 생각하거든.

그러니까 지난번에 내가 복음에 대한 얘길 했었잖아. 복음은 뭐냐. 말 그대로 예수 그리스도를 믿는 게 복음인데 예수 그리스도를 온전하게 믿지 못하는 거. 내 삶을 통해서… 그게 이제 죄라는 거지. 오빠의 죄를 뭐 회개, 고백을 하자면 하나님께서 나의 죄를 대신해서 예수 그리스도를 보내주셨고 예수 그리스도의 십자가의 보혈로 나의 죄가 사하여졌고, 나는 이제 천국 백성이 되었다는 사실을 온전하게 믿지 못했기 때문에 내 삶의 주인이 예수님이 아니었던 거지.

그리고 예수님이 나를 백성으로 삼아주셨을 때는 사랑하며 살라고 날 만드셨고 날 제자 삼아주셨을 건데 내가 그러지 못 했던 게 가장 큰 죄였던 것 같아.

오은주 누구를 그렇게 사랑하지 못한 거?

이관희 여기 묵상 간증에 보면 여기 이런 게 나와. 인간은 100% 죄인이다. 나를 힘들게 하는 시부모의 잘못보다 시부모를 미워한 내 죄가 더 크다….

물론 여기서는, 이 분은 나를 힘들게 하는 대상이 시부모였던 거지. 근데 이 분의 회개나 고백은 뭐냐면 '나를 힘들게 하는 그 대상의 잘못보다, 나를 힘들게 했던 그 대상을 미워한 나의 죄가 더 크다'라는 고백을 하고 있거든.

나는 사실 내가 이 병이 걸렸다는 이야기를 들었을 때 제일 먼저 회개했던 부분이 이 부분이었어. 난 여태까지 내가 하나님 앞에 이러이러한 선한 일들을 행했기 때문에 남들보다는 그래도 내가 하나님 앞에 헌신하는 사람이 아니었나… 그런 오만한 생각을 하면서 살아 왔었는데 아, 아니구나. 나 100% 죄인 맞구나. 그동안 나를 힘들게 했던 대상들. 그게 뭐 직장생활 가운데 나를 힘들게 했던 어떤 특정 인물, 어떤 사람일 수도 있고…

그때는 그 사람들을 정죄하고 그 사람들을 미워하고 그 사람들에 대한 증오나 악한 마음들이 내 마음에서 막 활개를 치게 내버려 뒀던 거야. 그게 죄인 지도 모르고…

오은주 음…

이관희 나는 내가 걸린 이 병이 그 마음들 때문에 하나님께서 나한테 허락한 일이라고 적용을 하고 있기 때문에, 투병을 하고 있는 과정에서 나의 가장 큰 미션은 뭐냐면 예전에 나를 힘들게 하고 나를 증오케 했던 어떤 그런 것들…

이제 만약에 내가 예전과 똑같이 행동을 하거나 똑같은 마음을 품는다면 나는 또 똑같은 뭐… 이 질병이 재발하거나 그럴 수도 있겠다는 생각을 하게 되더라고. 그래서 나는 요즘 그래. 똑같이 옛날처럼 막 어떤 누군가에 대한 미움이나 그런 게 올라올 때, 그때 그냥 하나님께 기도해.

"하나님, 제가 이러이러한 문제 때문에, 어떤 사람 때문에 막 미워하는 마음이 올라오고 있습니다. 하나님, 제가 이 사람을 미워하는 이 마음을 잡게 해주세요. 이 사람을 이해하고, 이 사람을 사랑하는 자리까지 나갈 수 있게 도와주세요." 그렇게 기도하고 있어. 근데 예전에는 이런 마음이 되게 어려웠을 것 같은데….

오은주 아, 어려워.

이관희 근데 이게 은혜인 게 뭐냐면 내가 아프고 나에게 주어진, 나에게 허락된 삶의 기한이 언제인지 확실히 알 수가 없는 경험을 했기 때문에 오늘 나에게 주어진 이 하루가 내 인생의 마지막 날이라고 가정을 하면은, 나에게 주어진 이 하루를 누군가를 미워하고 누군가를 증오하면서 보내고 싶지는 않은 거야.

그 시간을 이 사람을 사랑하고 이 사람을 축복하는 시간으로 채우고 싶은 게 내가 요즘 생각하는 나의 투병기야. 그니까 투병을 함에 있어서 몸에 좋은 거 잘 챙겨 먹고 운동 열심히 하고 이런 것도 중요하지만 내가 생각하는 나의 투병의 핵심은 이거야.

오은주 진짜 어려운 얘기다.

이관희 그것을 위해서 기도하고 간구하고 회개해야지.

큐티 중인 이관희 오은주 부부

우리 부부는 날마다 성경말씀을 묵상하면서
마음속 평안과 감사가 넘쳐나기 시작했다.

"내 마음과
내 영혼의 상태에 대해서
좀 더 진지하게 바라보고
또 영적으로도 건강해지기 위해서
노력하려는 첫 발걸음을 뗐다는 것…
그 부분에 있어서는
이 암을 만나고 투병하는 이 과정이
고맙다…"

암이 고마운 한 가지 이유

명대사

04

네이버 카페 '아름다운 동행'에서

글을 읽다보면 다들 자신이 암에 걸린 이유가 있다. 부부간의 불화, 고부간의 갈등, 직장에서의 스트레스 등으로 유독 힘든 시기를 보내면서 몸의 면역체계가 무너진 경우에 암이 발병한 경우가 많다.

실제로 우리 몸에는 매일 암세포가 생기고 사라진다고 한다. 몸 자체에서 활동하는 면역세포가 암세포를 잡아먹어 암으로 발전하지 않을 뿐이다. 그러나 면역기능이 약해진 상태에서 암세포의 활동을 통제하지 못하면 암환자가 된다. 그래서 암환자들은 면역력 강화를 위해 운동을 하고, 족욕으로 체온을 높이고, 암세포 활동을 돕는 음식을 삼가면서 스트레스를 없애기 위해 노력하고 있다.

오은주의 경우 출산과 그에 잇따른 남편의 대장암 4기 진단 그리고 시어머니의 자살로 인해 육체적으로나 정신적으로 만신창이가 되었을 것이고, 면역력이 극도로 저하되었을 것이라 충분히 짐작되었다.

이관희는 평생을 치열한 경쟁 속에서 살아온 사람이었다. 학창시절 친구들보다 좋은 성적을 받기 위해 경쟁해야 했고, 그 결과 명문대학 인기학과에 진학했고, 친구들이 사병으로 복무할 때 통신 장교로 군복무를 했고, 취업과정에서도 쟁쟁한 경쟁자들을 누르고 세계적인 기업에 연구원으로 취직했다.

입사 후에는 회식도 잦고 출장도 잦고 한 달에 해외출장을 두 번 이상 가는 바쁜 나날들이 계속되었다. 그럼에도 그는 학창시절에 그랬듯이 성실 그 자체인 생활을 통해 사내 경쟁에서도 우위를 차지하면서 승승장구했다. 그는 늘 경쟁에서 이기고 인정받는 삶에 최적화된 인간형이었다. 그러다가 어느 날 갑작스럽게 젊은 청년 이관희 앞에 암이 찾아온 것이다.

"글쎄 뭐 암이 발생한 원인이 단순한 어떤 하나의 원인으로 인해서 암이 발생했다고 생각하지는 않고 여러 가지 총체적인 문제들이 복합적으로 작용해서 발생한 질병이라고 생각하기 때문에, 지금까지 나의 삶을 돌아보고, 나의 삶 속에 문제가 있었다고 생각하는 부분들에서는 다 뜯어 고치자는 생각을 하거든요. 지금은 제가 할 수 있는 범위 가운데서 제일 먼저 중요한 것은 지금까지의 나의 삶을 정확하게 진단하는 게 가장 중요한 것 같아요."

"그거는 의사가 해줄 수 있는 부분이 아니고 가족도 해줄 수가 없고 오로지 본인만이 할 수 있는 거라고 생각하거든요. 지난 나의 인생을 객관적인 시선으로 돌아보고 그 삶 속에서 어떠한 문제들이 있었는지에 대해서 진단을 스스로 내려야 되겠죠."

"그래서 내 삶 속에 이러이러한 문제들이 있었다. 그런 문제들을 앞으로는 예전으로 돌아가지 않기 위해서, 예전과 똑같은 삶을 반복하지 않기 위해서 어떤 노력을 해야 될지 그런 부분에 대해서 아내랑 좀 논의하는 단계죠."

"제가 제 인생을 돌아봤을 때 가장 부끄럽고 좀 안타까웠던 부분, 아쉬운 점은 나 스스로를 사랑하지 못했고 나 스스로를 사랑하는 마음이 부족했기 때문에 내 가족과 내 이웃을 사랑하는데 많이 부족했던 것 같아요."

"물론 수술과 항암치료를 통해서 내 몸속에 있는 안 좋은 것들을 없애기 위해서 최선의 노력은 다 하고 있지만 그 과정 가운데 제 스스로도 내 육신이 깨끗해져 가는 것과 동시에, 내 마음속에 지금까지 자리 잡고 있었던 안 좋았던 문제들, 더러운 것들… 그런 것들을 어떻게 하면 내가 없애고 줄여갈 수 있을까?

그러니까 암세포가 줄어들고 암세포가 없어지는 것에 대해서는 굉장히 신경을 쓰지만 내 마음속에 있는 그런 부정적인 것들, 좋지 않은 것들이 있다는 것을 망각한 채 살아가고 있었거든요. 저는…"

"사람이기 때문에 어쩔 수 없어…라고 그냥 그렇게 애써 외면했죠. 그냥 사람이기 때문에 어쩔 수 없어… 그런 생각이 드는 것, 내 마음 속에 그런 나쁜 것들이 있는 것에 대해서 그냥 외면하며 살았던 것 같아요."

"그래서 치료를 하는 과정에서 참 감사했던 것은 뭐… 제 육신의 질병이 좋아지는 것도 감사했지만 그 시간과 과정 속에서 제가 예전보다는 좀 더 내 마음과 내 영혼의 상태에 대해서 좀 더 진지하게 바라보고 또 영적으로도 건강해지기 위해서 노력하려는 첫 발걸음을 뗐다는 것… 그 부분에 있어서는 이 암을 만나고 투병하는 이 과정이 고맙다…라고 생각할 수 있을 것 같아요."

이관희는 암과의 싸움을 진행하는 동시에 스스로 마음속에 있던 부정적인 면들과도 싸움을 진행해갔다. 몸속의 암 조직을 없애는 것만큼이나 마음속 질병을 고치는 것도 그에게는 급선무였다. 4기 암환자가 생과 사의 경계에 서서 지난 삶의 과오를 고칠 수 있는 기회를 얻었으니 '암이 고맙다'고 말하고 있는 것이다. 비기독교인인 내가 이관희란 사람을 다시 보게 된 또 하나의 장면이었다.

산책 중인 이관희 오은주 부부

피톤치드가 가득한 곳에서 숨을 쉬어야 암세포가
사멸한다고 해서 교회오빠 부부는
양평 숲 속을 날마다 걸어다녔다.

명대사

05

암 재발 후 절망에서의 회복

"내 안의 나는 죽고
오직 예수님만 사는 삶,
생과 사의 갈림길에 서 있는 나나 은주나…
우리는 그걸 할 수 있는 상황인 거야."

2017년 1월, 나는 뉴욕에서

홈리스들을 촬영하고 있었다. 해가 뜨면 뉴욕 변두리의 지하실에 있는 한인 홈리스 쉼터로 출근하고 밤늦게 민박집 지하실을 개조한 숙소로 돌아와 눈을 붙이는 생활을 하고 있었다.

2015년부터 방송을 시작한 KBS스페셜 '앎' 시리즈가 장기화되면서, '앎' 만으로는 KBS스페셜 PD로서의 규정 방송 횟수를 채울 수가 없었기에 다른 프로그램 촬영도 동시에 진행해야 했다. '앎' 시리즈의 특성상 출연자가 병세가 악화되면 어느 순간 촬영을 거부하는 경우도 많고 병세가 어떻게 진행될지 변수가 많았기에 늘 다른 촬영 분을 준비해둬야 방송사에 소속된 PD로서 당당하게 '앎' 시리즈를 진행할 수 있었다.

뉴욕 촬영은 하루 종일 노숙자들과 함께 생활해야 하는 성격의 아이템이라 PD가 촬영까지 맡기로 했고, '앎' 출연자들의 변동사항은 촬영감독이, 그 또한 다른 프로그램의 촬영도 병행하면서, 지켜보기로 했다.

내가 뉴욕의 지하실에서 온갖 벌레들에게 물려가며 고생하고 있을 때, 촬영감독으로부터 이관희가 수술 후 14개월 만에 암이 재발했다는 연락이 왔다. 의사는 "모래 쫙 뿌려놨는데 빗자루로 쓸어도 다 쓸어낼 수가 없잖아요"라며 재발은 진작부터 예상했다는 듯이 말했다고 한다.

의사의 말처럼 너무 늦게 발견한 암이라 완치 가능성이 희미하다는 것을 알고는 있었지만, 막상 재발 진단을 받고 보니 이관희 만큼 촬영팀도 크게 좌절했다. '1, 2기 암환자의 재발도 아니고 4기 암환자의 재발이니까…아 끝내 안 되겠구나!'

그러나 재발 진단을 받은 며칠 후 촬영감독의 카메라에 담긴 이관희의 표정에는 놀랍게도 절망감을 찾아볼 수 없었다. 아내에게 짜증과 절망의 소리 대신 이렇게 말하고 있었다.

"요즘 내 기도 제목이…
 내 안의 나는 죽고 오직 예수님만 사는 삶…"

"어떻게 보면 굉장히 멋있는 말이고
 굉장히 어려운 말인데…

근데…
생과 사의 갈림길에 서 있는
나나 은주나…
우리는 그걸 할 수 있는 상황인 거야."

"건강하고, 사는데 아무 거리낌이 없는 사람은
이걸 깨닫지도 못하고 이해도 안 되고…
근데 보니까
나는 죽고 예수로만 사는 삶…
그것을 실행에 옮길 수 있는 찬스가
지금 우리한테 와 있는 거더라고…
내 안에 있는 힘을 다 빼고 주님이 이끄는 삶…"

믿을 수 없을 정도로 빠른 '절망으로부터의 회복'이었다. 재발이라는 엄혹한 현실 앞에서 이관희는 새로운 삶의 목표를 세우고 있었다. 온 힘을 다해 달려온 암과의 씨름에서 자신의 희망을 배반하는 결과가 나왔을 때, 이관희는 온몸의 힘을 다 빼기로 결심했다. 최악의 상황으로 치달을수록 이관희는 최상의 선택을 해나가는 형국이었다.

4기 암환자의 재발이라는 다시 찾아온 죽음의 그림자, 극한의 절망을 딛고 일어서는 이관희의 의연한 태도에 많은 관객들이 감동하는 것 같았다.

"내 삶의 목적, 내 삶의 사명, 내 삶의 방향. 그동안 내가 생각해 왔던 모든 것들을 뒤집는 그런 영화였다. 상영 85분 내내 엉엉 울었고 영화가 끝나고 나서는 자리에서 일어날 수가 없었다. 무언가 내 마음속을 뻥 뚫고 간 기분…그래서 딱 한 문장 '나는 죽고 예수로 사는 삶.' 이 문장만이 가슴속에 새겨졌다."

(인스타그램에 올라온 글 중에서)

명대사

06

암을 통해 얻은 깨달음

"오늘 하루도 이렇게
우리의 삶이 이어지고 있다는 게
얼마나 큰 기적이고 하나님의 은혜인지…
우리는 암이라는 질병을 통해서
깨달았잖아."

암이 재발한 이관희는

복막전이암 수술, 흔히 말하는 하이펙(HIPEC)수술을 받았다. 수술 도중에 복막 전이가 발견되면 대개의 대학병원에서는 수술을 중단하고 다시 배를 덮는다. 한마디로 포기한다는 의미다. 복막은 수술이 불가능할 뿐 아니라, 항암도 효과가 없는 것으로 알려져 있다. 복막으로까지 전이가 되면 의료진은 적극적인 치료를 할 수가 없다.

한국에서는 아주 제한된 병원에서 공격적인 복막전이암 수술을 실험적으로 추진하고 있다. 아직도 의료계에 논란을 불러일으키고 있는 하이펙 수술이다. 병원에서 손을 놓는 단계의 환자들을 대상으로 하는 수술인 만큼 4기 암환자들에게는 마지막 탈출구와도 같은 수술이다. 하이펙 수술은 몸속의 모든 암 조직을 도려내고, 보이지 않는 암세포를 사멸시키기 위해 뜨거운 항암제를 복강에 집어넣는 고난도, 고강도의 수술이다. 환자의 체력적 손실도 엄청나다.

최근 2~3년 동안 네이버 카페 '아름다운 동행'에는 하이펙 수술에 대한 경험자들의 글이 많이 올라왔다. 하이펙 수술은 아직 유의미한 결론을 도출할 만큼 한국에서는 시간이 흐르지 않았다. 어떤 이는 하이펙 수술 후 1~2년 무사히 재발 없이 지내고 있다는 소식을 올렸고, 어떤 이는 하이펙 수술을 괜히 했다는 푸념을 올리기도 했다. 이관희도 '아름다운 동행'의 하이펙 수술 유경험자들의 조언을 바탕으로 하이펙 수술을 선택했다.

수술 전 이관희는 제발 장루만 달지 않기를 간절히 바랐다. 인공항문인 장루를 달게 되면 삶의 질이 크게 떨어진다. 인간으로서의 자존감도 크게 상처받는다. 하지만 수술 과정에서 암은 예상했던 것보다 다섯 배나 많았고 의사는 대장을 통째로 덜어내야 했다. 결국 15시간 동안의 수술과정에서 많은 장기를 잃고, 피하고 싶었던 장루를 달고 이관희는 수술실에서 나왔다.

뉴욕에서 돌아와 부부의 집으로 찾아갔을 때 이관희에게서는 살아있는 사람의 원기가 느껴지지 않았다. 그는 엄청난 전투를 치른 장수같이 힘없이 멍하니 허공만을 응시하고 있었다. 장루를 좀 보여 줄 수 있냐고 부탁했더니 이관희는 아내에게도 보여주지 않는다며 힘없이 웃었다. 그리고 기운이라고는 한 줌도 찾아볼 수 없는 몸으로 오은주와 큐티를 시작했다.

"모든 사람들이 다 보면…
내가 이 질병으로부터 완치해야지만 이건 기적이야…
그런 기적들만을 바라고 있는 거지."
"우리가 질병을 만나서
오늘 하루도 이렇게 우리의 삶이 이어지고 있다는 게
얼마나 큰 기적이고 하나님의 은혜인지
우리는 암이라는 질병을 통해서 깨달았잖아.
그래서 암 자체는 축복은 아니지만
암을 통해서 우리가 갖는 유익이 사실 이건데…"

세 사람 중 한 명은 암으로 세상을 떠나고 있다. 조만간 둘 중 하나는 암으로 목숨을 잃는 시대가 될 거라고도 한다. 의술이 발달하고 조기 진단을 통해 완치율이 높아지고 있지만 현대의학은 아직도 암이라는 질병을 정복하지 못했다. 그래서 사람들은 암이라고 진단 받는 순간 큰 충격에 휩싸인 채 투병생활을 시작하게 된다. 지병인 당뇨나 고혈압과 달리 몇 년 사이에 목숨을 잃을지도 모른다는 극도의 공포심에 몸서리치고 괴로워하기 십상이다.

'아름다운 동행'의 다양한 회원 중에 철학자 김진영 씨도 있었다. 이제는 세상을 떠난 김진영 씨의 유고 산문집 <아침의 피아노>에는 암에 걸렸을 때의 처참한 심정이 담겨있다.

"아침 베란다에 나가 풍경을 바라보다가
또 간절한 마음이 됐다.
한번만 더 기회가 주어지면 얼마나 좋을까?
2017년 7월, 나는 암 선고를 받았다.
모든 일상의 삶들이 셔터를 내린 것처럼 중단됐고
환자의 삶을 살기 시작했다."

암 진단을 받고 '모든 일상의 삶들이 셔터를 내린 것처럼 중단'되었을 때, 본인이나 혹은 가족은 인터넷에서 정보를 검색하고 암환우 카페 '아름다운 동행'에 가입하게 된다.

'아름다운 동행'에 올라오는 글들을 읽게 되면, 암 진단을 받고 수술과 항암 치료 그리고 회복을 위해 다니던 직장은 그만두게 되고, 건강한 사람들로부터의 진심 없는 위로와 병자를 보는듯한 시선이 싫어서 더 이상 사람들을 만나고 싶어 하지도 않는 경우가 많다.

암환자들은 사회생활과 사회적 관계로부터 쫓겨나가거나 혹은 스스로 문을 걸어 잠근다. 왜 내가 이 병에 걸렸는가? 원망과 분노와 비참한 심정에 사로잡혀 정서적으로 불안정한 생활을 하게 된다. 또 수술 후 긴 항암 치료과정에서의 극심한 부작용으로 육체적 고통이 동반되는 투병생활을 해야 한다.

그러나 이 고통의 기간 동안 이관희는 비참함 속에 빠져있지 않고 '암이 주는 유익'을 찾아냈다. 의식하지 못한 채 숨 쉬며 살아가는 하루하루의 고마움을 절감하고, 오늘 하루를 살아가는 게 기적이자 은혜임을 깨닫게 된 것이다. 하기야 사랑하는 어머니의 죽음 앞에서도 "감사합니다."라고 기도한 사람이었으니 '이관희답다'는 표현 외에 다른 말이 쉽게 떠오르지 않는다.

소연이 돌잔치 사진

"우리 소연이 옆에서 믿음의 아빠로서 조금 더 자리를
지킬 수 있도록 주님, 은혜를 부어 주시옵소서."

명대사

07

우리를 향한 하나님의 마음

"문득문득 그런 상상을 하는데
소연이 인생의 걸음걸음마다
엄마 아빠가 옆에서 동행해주는 삶의 모습이
상상만 해도 되게 즐거운데
상상이 아니고 진짜 삶으로 이루어지면
더 즐겁겠지?
더 즐겁고 행복하겠지?"

양평 요양원의 뒷산을 올라

정상에서 땀을 식히며 아내와 잡담을 할 때 나온 이 딸바보 같은 말은, 이관희 본인이 가장 마음에 들어 했던 부분이다. 이 대사와 관련해 KBS스페셜 '앎, 교회오빠'의 방송 이틀 후인 2017년 12월 24일 아침, 이관희가 네이버 카페 '아름다운 동행'에 글을 올렸다.

"이 방송이 하나님께서 우리에게 보내는 프러포즈 편지로서의 사명을 잘 감당하기를 바라는 맘으로 방송과 철관음 님을 위해 기도했어요. 방송을 보니 정말 겁나게 아파보이고 힘들어 보이는 시간들이었는데… 내가 사명이라고 생각하는 '앎' 촬영이 있어 그 힘든 시간을 힘든지도 모르고 걸어온 것 같아요. 제가 생각하는 이번 방송의 하이라이트는 소연이를 향한 제 바람이 나온 장면이에요."

"문득문득 그런 상상을 하는데, 소연이 인생의 걸음걸음마다 엄마 아빠가 옆에서 동행해주는 삶의 모습이 상상만 해도 되게 즐거운데, 이게 상상이 아니고 진짜 삶으로 이루어지면 더 즐겁겠지? 더 즐겁고 행복하겠지?"

"소연이의 인생 걸음걸음 함께 해주고픈 저와 아내의 마음과 같이 하나님께서 사랑하는 자녀들과 함께 하고 싶다고… 우리와 함께 하는 삶을 상상만 해도 너무 즐거운데… 꿈이 아닌 현실이 된다면 너무 행복할 것 같다는… 우리를 향한 하나님의 마음이 전해져 저는 이 장면을 수십 번 돌려보며 많이 울었습니다."

명대사

08

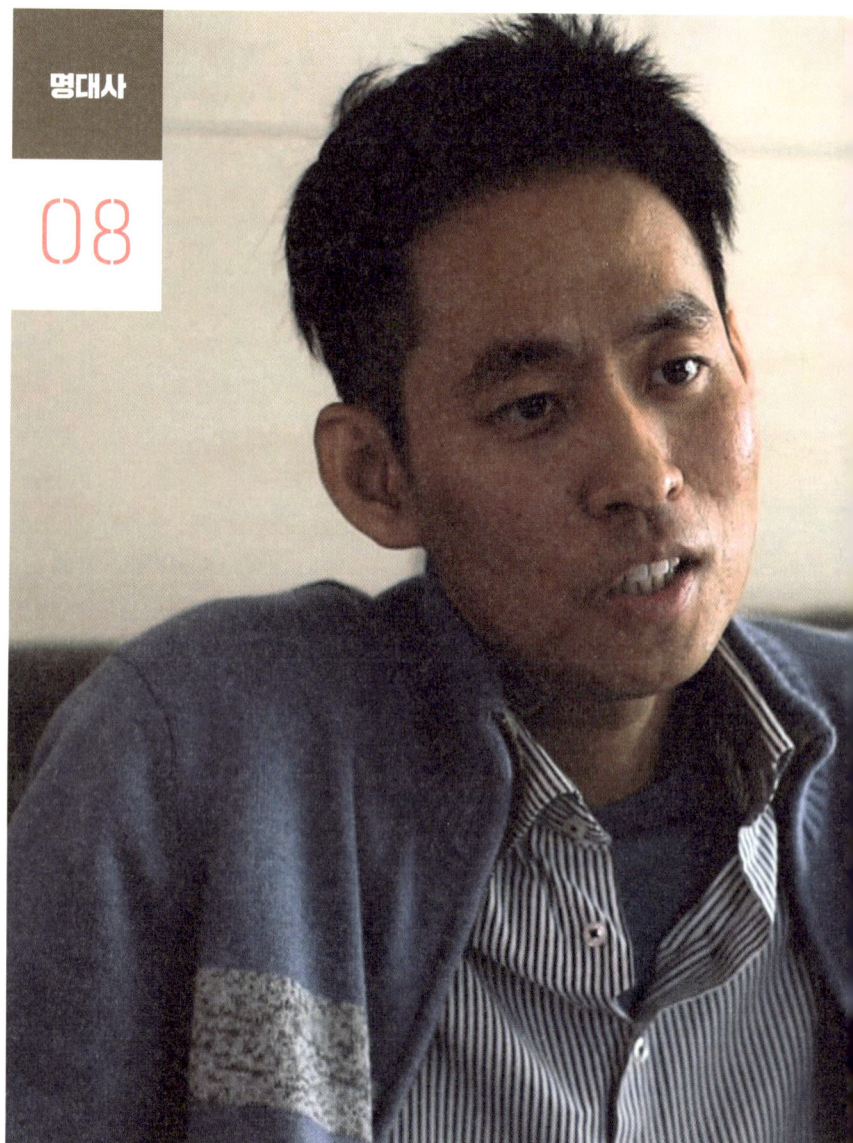

우리들교회와의 인연

"오직 하나님만을 바라보고
하나님에 대한 신뢰를 절대 거두지 말라는
그런 권면의 기도 그런 기도를 들었을 때
오히려 더 마음이 뜨거워지고
눈물이 많이 나더라고요."

'우리들교회'와는 특별한 인연이 있었다.

2016년 KBS스페셜 '앎, 엄마의 자리'에 오은주가 다섯 출연자 중 한명으로 그 사연이 소개되었고, 그때 잠깐 부부가 요양원에서 큐티하는 장면이 나갔다. 그 와중에 큐티 책표지가 얼핏 비쳤던가 보다. 편집을 한 나로서도 표지가 나갔는지 크게 신경 쓰지도 않았던 부분이었다.

그리고 우리들교회에서 한바탕 소동이 있었다고 한다. 저 부부가 우리들교회 성도도 아닌데 왜 우리들교회의 큐티 책을 보면서 저런 기막힌 대화를 하고 있는 거야? 김양재 담임목사가 저 부부를 찾아오라고 했다고 한다.

그런데 사실 오은주의 친정어머니가 이 교회의 성도였다. 성도의 딸과 사위였다는 걸 알게 된 김양재 목사가 당연히 기뻐했음을 충분히 상상할 수 있다. 그래서 우리들교회에서 이 부부에게 많은 사랑과 관심을 보내주었다. 방송이 인연이 되어 부부는 우리들교회 목장모임에도 참여하게 되었고, 그 목장 분들이 훗날 임종의 병상을 지켜주기도 했다.

그리고 우리들교회의 이승민 목사가 이 부부에게 이야기를 더 듣고 싶다며 직접 카메라맨을 데리고 부부의 집을 방문한 적이 있었다. 그리고 이관희의 인터뷰를 담아갔다. 그 영상은 이승민 목사가 주도한 촬영이었으니 그 촬영에 대해 당연히 나로서는 상관도 없고 알 수도 없는 일이었다.

세월이 흘러 병실에서 이관희가 마지막 시간들을 영화로 내는 것에 어렵게 동의한 날, 달리 말해 마지막 임종의 순간까지 찍어도 된다는 끔찍한(?) 약속을 한 날, 그는 내게 중요한 말을 남겼다.

그것은 예전에 이승민 목사와 했던 인터뷰 속에 자신이 꼭 남기고 싶은 이야기가 있으니 날보고 찾아보라는 부탁이었다. 그렇게 해서 잊힐 뻔했던 이 인터뷰의 존재를 내가 알게 되었다. 그러나 정작 이승민 목사로부터 이 테이프를 건네받은 건 이관희가 세상을 떠난 후였다.

인터뷰 내용 중에서 어떤 부분이 이관희가 전하고 싶었던 메시지였는지 찾는 일은 어렵지 않았다. 그가 눈물을 흘리며 말하는 부분이 있었기 때문이다.

이승민   환우의 마음을 잘 아시잖아요. 목사님들이 무조건 나을 거라고 기복적인 기도만 해주잖아요. 그런 목사님들께 감히 한 말씀 드릴 수 있으시다면….

이관희   사실 저도 아프고 나서 많은 목사님들이 와주셔서 기도도 해주시고 권면도 해주시고 하셨는데 방금 목사님 말씀하신대로
"형제님, 이 질병은 하나님 계획 가운데 있는 고난이니까 이 고난 이겨내시고 승리하실 겁니다. 치료되실 겁니다."
그런 말씀을 해주실 때는 머리로는 아멘 아멘 해요. 그리고 꼭 그러길 바라고….

근데 정말 뜨거운 눈물을 흘리게 하는 기도는 저로 하여금 십자가의 능력, 다시 한번 복음을 상기시켜주는 그런 기도… 십자가 앞에 내가 얼마나 죄인 된 사람인지를 깨닫게 해주시고 또 그 십자가의 능력으로 내가 죄 사함을 받고 하나님의 자녀가 되었다는 그 감격을 일깨워주시는 그런 기도….

그리고 이런 상황 속에서도 오직 하나님만을 바라보고 하나님에 대한 신뢰를 절대 거두지 말라는 그런 권면의 기도 그런 기도를 들었을 때 오히려 더 마음이 뜨거워지고 눈물이 많이 나더라고요.

의사이자 성산생명윤리연구소 소장인 이명진 씨는 영화가 개봉된 후 크리스천투데이 지면에 다음과 같은 칼럼을 썼다.

"(교회오빠는) 말기암과 죽음이라는 상황 속에 신앙인으로 어떻게 해야 할지 방향을 제시해주고 있다. 죽음을 앞둔 교우를 옆에서 지켜보며 아픈 그들을 어떻게 도와주어야 할지 생각을 정리해 준다. '교회오빠' 주변 사람들은 말기암에 걸렸을 때 주님이 꼭 살려주실 줄 믿고 기도하라고 강요하지 않는다. 오히려 얼마 남지 않은 시간을 잘 정리할 수 있도록 도와주고 있다. 문제의 해답을 찾기보다는 어떻게 해결해 가야하는지 알려주고 있다."

명대사

09

나만의 손익계산서

"저는 나만의 손익계산서를 쓰거든요."
"내 삶의 전체를 봤을 때 내가 받은 은혜들을
다 계산해보면 감히 하나님께 원망을
할 수가 없다는 게 제 결론이에요."

네이버 카페 '아름다운 동행'에는

'다락방'이라는 크리스천들의 기도모임이 있다. '아름다운 동행'의 클럽하우스에서 기도모임을 할 때도 있고 병원에 입원 중인 회원들을 찾아가 기도모임을 할 때도 있다. 2017년 어느 비오는 여름날 오후, 양평에 있는 닉네임 '화이트'의 전원주택에서 기도모임이 열렸다. 이날 모임에서는 암에 걸리고 느낀 절망과 상실감, 하나님에 대한 불평 등에 대한 이야기가 오고 갔다. 그 자리에서 이관희가 입을 열었다.

"저도 하나님께 서운한 마음이 들 때는 있는데
그럴 때마다 하나님을 원망하지 않는 방법이
저는 나만의 손익계산서를 쓰거든요."

"손익계산서! 공대생들은 항상 플러스, 마이너스…
여태까지 내가 살아오면서 누렸던 은혜는… 플러스, 이득이죠.
그다음에 내가 느끼는 절망을 마이너스 해보면 그 계산 결과는
항상 플러스예요."

"지금 우리가 힘들어하고 원망하는 이유는…
지금 내가 당하는 이 고통의 현실에만 집착하고 있지만
내 삶의 전체를 봤을 때 내가 받은 은혜들을 다 계산해보면
감히 하나님께 원망을 할 수가 없다는 게 제 결론이에요."

이관희의 이 공대생스럽고 독특한 발상은 영화를 본 많은 크리스천들에게 회자되었다.

인스타그램에 올라온 글 중 몇 가지를 소개한다.

"영화를 보며 툭하면 원망부터 하는 나를 돌아보게 하시고 나 또한 은혜의 손익계산서를 계산해보면 마이너스보다는 플러스가 많았음을 깨닫게 하셨다."

"우리가 익히 많이 들었지만 매번 까먹고 실천으로 잘 안 옮겨지는… 살면서 받은 기쁨, 행복, 은혜가 훨씬 더 많지만 우리는 상처받고 고통 받으면 그게 전부인 것처럼 긍정적인 걸 보지 못하게 된다. 남편분(고 이관희)께서도 실제로도 엄친아 교회오빠였고 공대생으로 내가 실제로 이걸 계산해봤다시며 그 와중에도 웃음으로 삶을 승화시키려는 긍정은 정말 놀라울 수밖에

없었고 당신께서 이런 상황에 있지만 그간 받은 기쁨, 행복, 감사, 은혜가 단연 더 플러스였다고 하셨다."

"영화를 보는 내내 쥐구멍이라도 있으면 숨어야 할 것 같은 심정이었다. 내 모습이 너무 부끄러웠고 한심해 보였다. 요즘 힘든 시련을 한꺼번에 주시냐고 계속 투정부리고 원망했던 그 모든 것이 결국은 은혜와 감사로 돌아오게 되었다. 이관희 집사님과 오은주 집사님의 삶의 고백이 내게 엄청 큰 용기와 위로가 되었다."

명대사

10

당신은 왜 더 살아야 합니까?

"당신은 왜 더 살아야 합니까?"
"왜 저보고 하루라도 더 살아야 되냐고
물어봤을 때는…
하루라는 시간을 통해서
제가 조금이라도 더 온전해질 수 있는
기회를 갖고 싶은 거예요."

영화 '교회오빠'의 제작이 끝나고

나는 '앎' 시리즈로부터 벗어났다. 4년간 일곱 편의 방송을 내보낸 후, 영화 '교회오빠'를 끝으로 감당하기 힘들었던 대장정의 막을 내렸다.

'앎' 시리즈의 기획 이유이기도 했던 누나도 세상을 떠나고, 대부분의 출연자들을 떠나보내고 나서 나는 '앎'으로부터 자유로워졌다. 처음이자 마지막이 될 영화작업이 끝나고 나는 KBS스페셜 PD로서 회사에서 주어진 할당량을 채우기 위해 다시 촬영을 시작했다.

요즘 촬영 중인 주제는 한국의 다문화가족에 관한 다큐이다. 10년 전, 부산의 한 작은 다문화 대안학교의 어린이들을 촬영한 적이 있었다. 그리고 딱 10년이 되는 올해, 나는 그때의 아이들을 찾아 나섰다. 부모가 파키스탄 불법 노동자였던 3남매는 결국 추방되었기에 얼마 전 파키스탄에 다녀왔고, 지금 이 글을 쓰고 있는 현재는 러시아인 엄마를 둔 한 출연자를 촬영하고 있다.

이 출연자는 삼척에서 군복무 중인데, 군 당국에서 부대 내의 촬영허가를 내주지 않아 그의 휴가를 동행하기로 했다. 삼척에서 나와서 곧바로 가족이 있는 부산으로 내려가리라 예상했지만, 굳이 천안의 독립기념관에 들렀다가 부산을 간다고 했다. 독립기념관에서 두 시간을 견학하고 스탬프를 받아오면 하루의 휴가를 더 벌 수 있다는 이유에서였다. 삼척에서 서울, 서울에서 천안, 천안에서 독립기념관, 그리고 그곳에서 두 시간을 견학하고 부산으로 가게 된 셈이다.

결국 휴가의 한나절을 버리고 하루를 버는 셈인데, 어이없어 하는 내게 청년은 말했다.
"사회에서의 하루와 군대에서의 하루는 천지차이예요."
군대 밖에서 하루라도 더 있고 싶어 하는 그 간절함을 이해 못 할 것도 없었다.

누나가 처음 암 4기 진단을 받았을 때 의사는 여명이 6개월이라고 했다. 항암제가 잘 받으면 1년까지 살 수 있다고 했다. 그건 4기 암환자들에게 해주는 모든 의사들의 공식적인 멘트였다.

누나의 투병을 지켜보면서 나 역시 모든 4기 암환자의 보호자들이 하는 기도를 하게 되었다.
"이삼 년만 버틸 수 있게 해주세요. 제발 하루라도 더 시간을 주세요."

누님의 항암치료가 시작되고 항암 한 사이클이 끝나는 석 달에 한 번씩 암이 커졌는지 검사결과를 듣게 되는데, 그날이 다가오면 나조차도 열흘 전부터 긴장하게 되었다. 머릿속을 헤쳐 놓는 온갖 불길한 생각과 지긋지긋하게 싸워야 했다. 결과가 좋으면 가슴을 쓸어내리지만, 다시 석 달은 금세 흘러가곤 했다. 같은 경험을 하는 네이버 카페 '아름다운 동행'의 많은 보호자들에게 공통적으로 발생하는 증상이지만, 결국 나에게도 공황장애가 찾아왔다.

촬영 현장에서 숨을 쉴 수가 없었고, 배는 한없이 부풀어 오르고 자꾸 정신이 아득히 멀어져갔다. 그럴 때면 밖으로 뛰쳐나가 기절하지 않으려고 몇 시간을 억지로 걸어 다니곤 했다. 다리가 아파 공중 화장실에 앉아 있으려고 들어갔다가 '여기서 죽으면 아무도 모를 것 같다.'는 생각에 얼른 뛰쳐나오기도 했다. 혹시 기절하더라도 119에 누가 신고해 주겠지 하는 심정으로 무조건 사람 많은 대로로 걸어 다녔다.

모든 암이 다 그렇겠지만 암 4기는, 환자도 받아들이기 힘들지만, 보호자에게도 너무나 감당하기 힘든 고통의 연속이다.

그러다가 문득 누나가 더 오래 살아야 하는 이유에 대해 생각해 보곤 했다. '왜 누나는 40대에 가야하지? 결혼도 못하고 평생 일만 한 누나가 왜 더 인생을 누리지 못하는 걸까?' 하지만 누나가 왜 하루라도 더 살아야 되는지 물어보면 감정적으로는 북받쳐 오르는데 반해 이성적으로는 당장 대답할 말이 궁색해진다. 아마 우리 모두가 그렇지 않을까?

물론 나도 그렇다. 누군가 나에게 "당신은 왜 더 살아야 합니까?" 라고 묻는다면 무슨 대답을 할 수 있을까.

나의 경우도 내 아이에게 아빠로서 경제적 지원과 사랑을 오랫동안 주고 싶은 마음이 강하지만, 과연 그것이 내가 목숨 걸고 지켜야 하는 나의 사명일까? 혹시 그것은 겉으로의 명분이고 사실은 나도 '내 삶의 이유'를 잘 모르고 있지는 않은가? 인생이란 어쩌면 죽는 날까지 "당신은 왜 더 살아야 합니까?"라는 질문에 답변을 찾는 과정이 아닐까 싶다.

누나를 간호하면서 오랫동안 고민해왔던 '삶의 이유'에 대해서 이관희처럼 명쾌하고 울림이 있는 답변을 하는 사람은 본 적이 없었고, 앞으로도 보기 힘들 듯하다. 시간이 많이 지났음에도 자꾸자꾸 그 대답이 머릿속에 떠오른다.

"왜 저보고 하루라도 더 살아야 되냐고 물어봤을 때는…
하루라는 시간을 통해서 제가 조금이라도 더 온전해질 수 있는
기회를 갖고 싶은 거예요.
서투르고 부족한 점들이 많았던 삶이었기 때문에
하루라는 시간이라도 주어진다면
조금이라도 더 온전하고 성숙한 하루를 살 수 있는
기회를 갖고 싶어서…
그게 삶의 이유인 것 같아요."

교회오빠 이관희 오은주 부부

수술 후유증을 극복하고 건강이 상당히 좋아졌을 때
우리 촬영팀은 잠시 해피엔딩을 꿈꾸며 좋아했었다.

명대사

11

놀라운 투병의지

"어? 8차 항암 후에 괜찮았는데
12차 항암 후에 뭐가 보인다고 하면,
거짓말
이만큼도 안 보태고
난 그것에 대해서 상심하거나
그런 것보다는
빨리 다시 치료를 잘해서
다시 돌아가야겠다는 생각이 더 큰 거야."

(총 스물네 차례의 항암치료를 받은 후 이관희가 한 말)

대부분의 출연자들이

죽음으로 막을 내린 KBS스페셜 '앎' 시리즈는 애초에 4기 암환자들이 병을 어떻게 받아들이고 어떻게 극복해 나가는지가 기획 의도였다. 암환자에게 치료적으로나 정신적으로나 도움이 되는 방송을 만들고 싶었다. 한편으론 기획자인 내게 필요한 정보이기도 했다.

촬영을 하다보면 어디 기가 막힌 민간요법을 알게 되는 건 아닌지 하는 기대감도 솔직히 컸다. 그 과정에서 입수한 정보로 누나를 살리고 싶은 마음이 있었다. 실제로 복어 독을 복용하는 출연자, 미슬토 주사를 자가 주사하는 출연자, 민들레 추출물을 먹는 출연자 등등 다양한 사례와 정보들이 들어왔다.

암환자들은 목숨을 걸고 정보를 구하기 때문에 다들 자기만의 보조영양제나 대체 치료법을 갖고 있다. 이쪽 세계에서는 의사만 믿으면 안 된다는 게 모두의 결론이다. 암이 악화되면, 그동안 치료효과가 있을 때마다 간간이 웃음을 보여줬던 담당 교수의 태도부터 달라진다고 한다.

의사도 인간인지라 모든 환자의 절망에 공감할 수는 없는 노릇이고 스스로의 자기보호 장치가 필요하리라 생각하지만, 마지막 진료에서 웃음기 사라진 얼굴로 '이제 호스피스를 알아보세요.'라는 냉정한 말을 들으면 모든 환자는 병원으로부터 버림받았다는 느낌을 지울 수 없다고 한다.

결국 병원이 끝까지 환자를 책임져 주지도 않고 또 냉정하게 말하자면, 책임질 능력도 필요도 없는 것이리라. 물론 수술과 항암치료는 병원에 맡겨야 하겠지만, 자신의 몸을 회복시키는 것은 각자 상황에 맞게 자신만의 맞춤요법을 찾아낼 필요가 있다는 게 다수의견이다.

이관희는 모범적인 크리스천이었던 만큼 모범적인 암환자였다. 그가 암을 대하는 자세는 많은 다른 암환자들에게 용기와 격려가 되었다.

암이 재발하고 나서 그 힘들다는 하이펙 수술까지 한 후 또다시 12차 항암을 마치고 결과를 기다리며 대기실에서 이관희가 한 말은 암환자와 보호자들의 마음을 울렸다. 보호자인 나로서도 꼭 편집에 넣고 싶은 말이었고, 누나도 저 이관희의 적극적이고 긍정적인 의지를 본받기를 희망했다.

항암의 과정은 옆에서 지켜보기조차 힘들다. 암세포를 죽이는 만큼 멀쩡한 세포도 죽이게 되니 온갖 부작용으로 고통을 호소하는 환자들이 많다. 실제로 항암이 힘들어 치료를 포기하는 환자도 부지기수다.

누나의 경우, 병원에 들어서기만 해도 구토를 했다. 3주에 한번 항암약이 들어가는 내내 병원에서 구토를 하고, 집으로 돌아와서 열흘 간 아무것도 먹지를 못하면서도 구토를 계속했다. 심지어 '병원', '항암', '주사'라는 단어만 들어도 구토를 시작했다. 그리고 구토가 진정되면 열흘 정도 음식을 섭취하고 몸을 만들어 다시 항암제를 맞으러 병원에 갔다.

그러니 지켜보는 가족도 음식 냄새가 집에서 풍기는 것조차 눈치가 보이고 새벽녘 화장실에서 들리는 구토소리에 잠을 깨서 속상해하기 일쑤였다. 환자 본인이 가장 힘들겠지만 옆에서 지켜보는 일도 무척 힘들었다.

이관희는 첫 수술 후 12차까지 항암치료를 받았다. 그리고 재발 후 다시 12차까지 항암치료를 받았다. 총 스물네 차례의 항암치료를 받은 시점에서의 저 발언은, 암환우와 보호자들이 볼 때 입이 떡 벌어질 정도의 정말 인간이 할 수 없는, 초인적인 수준의 말이다.

방송이 나간 후 암환자 딸을 둔 아버지가 KBS스페셜의 시청자 게시판에 글을 남겼다.

"딸아이가 항암치료 중에 있습니다. 매번 항암을 끝내고 돌아오는 딸아이의 모습을 지켜보는 것은 아비로서 가슴이 찢어지는 경험입니다. 항암치료를 그만두겠다는 딸아이와 매번 다투고 있습니다. 이관희 씨가 12차 항암을 마치고, 재발하면 또다시 적극적으로 치료에 임하겠다는 모습을 보고 참 대단하다는 생각과 함께 온 가족이 눈물을 흘렸습니다. 이관희 씨처럼 저희도 기나긴 항암에 지치거나 실망하지 않고 투병해가겠습니다."

두 번째 재발 후 교회오빠 이관희의 마음

"비록 나는 마음이 너무 슬프고 힘들지만
나의 이 슬픔을 받아주시고 위로해 주시는
하나님께서 내 옆에 함께 하신다는 게
참 감사하더라고요."

명대사

12

2018년 3월, 이관희에게 또다시

'14개월의 악몽'이 찾아왔다. 첫 수술 후 14개월 만에 암이 재발했고, 재수술 후 14개월이 지난 시점이었다. 하이펙 수술로 99% 제거했다는 암이 다시 움직였고 두 번째 재발이라는 진단을 받은 것이다.

의사가 "암이 다시 올라오는 것 같아요"라고 말할 때 오은주는 차라리 눈을 감아버렸다. 진료실에서 나오는 순간 부부가 무너지는 게 보였다. 오랜 투병 기간 그렇게 담대했던 부부가 너무도 무기력하고 쪼그라든 모습으로 무너져 내리고 있었다.

오은주는 억지로 울음을 참고 "잘 치료하면 되지. 잘 이겨낼 거잖아"라고 남편을 토닥였지만, 바로 이어 속마음을 드러내었다. "또 어떻게 하냐. 그걸…"

그 어려운 과정을 처음부터 다시 해야 한다는 허탈감보다 이제 죽음의 그림자가 성큼 가까이 다가왔다는 절망감에 우리 촬영팀도 아무 말을 할 수가 없었다. 사람들이 오가는 진료대기실에서 벼랑 끝으로 내몰린 부부의 애절한 모습과 또 그걸 찍고 있는 우리 촬영팀이라니… 세상에서 가장 슬프고 비참한 촬영 현장이라는 생각이 들었다.

그때는 마침 오은주가 주도하는 '아름다운 동행'의 찬양모임을 며칠 앞두고 있던 날이었다. 나는 모임을 주도한 오은주가 저 지경이니 찬양모임은 취소되리라 예상했다. 그러나 생애 스물다섯 번째 항암치료를 마친 이관희를 끌고 오은주가 찬양모임에 나타났다. 찬양모임에서 오은주는 눈물을 흘리면서 피아노를 치고 찬송가를 불렀다. 이관희는 그 자리에서 앉아 있기도 힘든 몸으로 이렇게 말했다

"아내랑 이 사건을 또 어떻게 받아들이고 어떻게 해석하고 어떻게 지나 보내야 하나… 우리가 살아가면서 겪는 모든 사건들이 하나님께서 허락하신 사건이라 믿으니까, 하나님께서 왜 이 사건을 우리에게 허락하셨나? 많이 묻고 속상한 마음도 많이 토하고…. 왜냐하면 저희는 앞으로 회복하고, 그런 모습을 기대했는데 너무나도 저희의 기대와는 다른 상황을 맞이하게 되어서 그런 마음을 토하는 시간을 가졌는데, 결국 그래도 참 감사한 것은 나의 이런 상한 마음을 토할 수 있는 그 하나님이 나의 구원자이시고 나의 피난처가 되신다는 게… 비록 나는 마음이 너무 슬프고 힘들지만 나의 이 슬픔을 받아주시고 위로해 주시는 하나님께서 내 옆에 함께 하신다는 게 참 감사하더라고요."

"정말 하나님이 옆에 안 계셨으면 내가 지금 이 상황 속에서 얼마나 큰 좌절과 절망으로 스스로를 파괴하면서 이 시간을 보내고 있을까라는 생각을 했었는데, 감사한 거는 이 상황 속에서도 우리가 끝까지 하나님을 믿고, 그 선하신 하나님을 바라보고, 또 찬양할 수 있게 우리를 인도하시는 그 하나님께 감사하다는 생각을 많이 했어요."

"사실, 제 질병은 제가 잘 알죠. 항암으로도 안 되고 현존하는 수술 중에 가장 공격적이라고 했던 하이펙 수술도 안 되고… 정말 하나님의 은혜가 아니고서는 고침 받을 수 없는 질병이라는 것을 처절하게 깨닫고 온 시간들이었기 때문에 하나님 앞에 다 내려놓고 하나님께서 어떻게 저의 삶을 인도하실 지를 오늘 시편 기자의 말씀처럼 잠잠히 하나님만 바라보면서 나아가는 시간들이 제가 걸어가야 되는 시간들인 것 같아요. 그런데 마음속에 그건 있었으면 좋겠어요. 시편 기자의 고백처럼 주님만이 나의 구원이시고 반석이시고 요새이시기 때문에, 그렇기 때문에 주님 한분만으로 내가 이 상황 속에서 흔들리지 않았으면 좋겠어요."

"근데 그게 내 힘으로 할 수 있는 부분도 아니고 내 성품이나 내 노력으로 할 수 있는 부분도 아니기 때문에 내 안에 계신 예수님, 성령님께서 저를 이렇게 요동치 않고 끝까지 주님만 붙잡고 한걸음 내디딜 수 있는 그런 인생으로 저를 인도해 주시기를 기도하고, 많은 분들에게 그런 기도를 부탁드리고 싶어요."

"사탄이 제일 바라고 있는 거는 제가 막 휘청 휘청거리면서 흔들리는 모습, 그러면서 많은 사람들을 실족하게 하는 모습, 그걸 아마 사탄이 제일 바랄 텐데, 어차피 이 전쟁은 영적인 전쟁이고 하늘의 전쟁이기 때문에 결코 하나님께서 사탄이 바라는 대로 저의 삶을 내어주지 않으시리라는 걸 믿고, 제가 믿는 것은 하나님밖에 없으니까 하나님 백 믿고 나아가야죠."

두 번째 재발이라는 진단을 받고 새로 시작한 항암치료는 역시 효과가 없었다. 부부는 항암치료를 중단하고 3개월간 제주도에서 마지막 요양생활을 보내기로 결정했다.

부부가 제주도로 떠나 한 달 정도 지난 어느 날, 서귀포의 절벽 위에 있는 카페에서 부부와 커피를 마셨다. 그때는 맑은 공기와 좋은 음식 덕인지 이관희의 얼굴과 눈빛이 맑았다. 정말 기적이 찾아오는 건 아닐까 싶은 마음이 들기도 했다.

어린 딸에게 주는 아빠의 마지막 선물

"소연이에게 물려줄 수 있는 것이 신앙의 유산밖에 없습니다."

명대사

13

예전에 일본에서 대학원을 다닐 때

친했던 한국인 여자 선배가 있었다. 그녀는 힘들고 긴 유학생활 끝에 박사학위를 따서 춘천에 있는 한 국립대학교의 교수가 되었고, 훗날 나는 역사스페셜PD가 되어 인터뷰 촬영을 하기 위해 다시 만날 기회가 있었다.

한국에 돌아와서 아들을 하나 낳아 기르던 그 선배가 말했다. "애한테는 뭐든지 다 해주고 싶어. 돈이 아깝지가 않아." 그때 나는 지독하게 공부만 했던 선배의 입에서 나오는 그 발언이 참 신기하기만 했다.

세월이 지나 나도 아이를 낳고 살아보니, 꽃이 피고 꽃가루를 날리고 꽃이 지는 게 이치이듯 인간은 아이를 낳고 그 아이를 사회의 구성원으로 성장시키고 사라지는 게 본연의 임무가 아닐까 하는 생각이 들었다. '인생 뭐 대단한 게 있겠어?' 어느새 나 역시도 아이를 잘 키우는 게 내 인생의 유일한 목표가 되었음을 알게 되었다.

그러나 아비로서 참 해줄 게 없었다. 일한다고 늘 나가있고, 월급으로는 저축하기도 힘들고, 그나마 여윳돈은 주식으로 다 날리게 되어 스스로 한심해서 기가 찰 지경이었다. 딸이 대학 들어갈 나이가 되면 받을 수 있게끔 10년 만기 3천만 원짜리 적금을 붓고 있는 게 어쩌면 아비로서 해줄 수 있는 유일한 선물일지도 모르겠다.

내가 제주도에서 부부를 만났을 때만 해도 괜찮은 것 같았는데, 이관희의 상태가 그 후 그렇게 확 나빠질 줄은 예상하지 못했다. 3개월간의 제주도 생활을 정리하고 돌아온 이관희는 말기 암환자 특유의 다리부종으로 걸을 수가 없게 되었다.

그리고 사랑하는 딸 소연이의 세 번째 생일을 맞이했다. 이관희는 소연이를 위해 기도했다.

"그래도 이렇게 소연이와 함께
소연이의 세 번째 생일을 맞이하게 해주신 은혜
주님 감사드립니다.
하나님 간절히 원하옵기는
우리 소연이 옆에서 믿음의 아빠로서
조금 더 자리를 지킬 수 있도록

주님 은혜를 부어 주시옵소서.
긍휼을 베풀어 주시옵소서."

"소연이에게 물려줄 수 있는 것이 신앙의 유산밖에 없습니다.
우리 소연이 하나님 앞에 올려드리오니
엄마와 아빠가 채워주지 못하는 부분들까지도
하나님께서 채워주시고
믿음의 자녀로서 하나님을 사랑하고 이웃을 사랑하는
하나님의 자녀로서 잘 성장할 수 있도록
영육간의 강건함을 허락하여 주시옵소서."

더 이상 치료법도 없고, 점점 찾아오는 마지막 증상들 앞에서 이관희는 두려웠을 것이다. '소연이 인생의 걸음걸음마다 엄마 아빠가 옆에서 동행해주는 삶의 모습이 상상만 해도 되게 즐거운' 딸바보 아빠에게 이제 더 이상 딸의 인생에 동행해줄 수 없다는 두려움이 찾아왔을 것이다.

소연이가 자전거를 배울 때 뒤에서 자전거를 잡아줄 수도 없고, 소연이가 초등학교 입학할 때 다른 학부모들 틈을 비집고 들어가 사진을 찍어줄 수도 없고, 심지어 늦은 밤 학교에서 돌아오는 딸을 기다리며 골목길을 서성일 수도 없다. 아버지의 부재 속에 커나갈 어린 딸을 생각하면 얼마나 가슴이 아팠을까?

딸에게 줄 수 있는 것은 오직 신앙의 유산뿐이었다. 스스로의 한계를 너무나도 잘 알기에, 세상을 살아가는데 가장 강한 무기를 딸의 손에 쥐어주려는 그의 자세에 눈물이 났다. 나는 이관희가 끝까지 믿음을 놓지 않았던 이유 중에 하나가 딸을 위한 배려였다고도 생각한다. 그것이 사랑하는 딸에게 줄 수 있는 유일한 유산이었기 때문이다.

훗날 영화작업을 마치고 영화사 관계자들과 영화제목을 두고 회의를 했다. '교회오빠', '크리스천', '욥의 고난', '욥이 있었다' … 등등. 마땅한 제목이 정해지지 않았을 때 내가 말했다.

"저는 욥이라는 이미지도 살았으면 좋겠다고 생각하지만, 소연이가 커서 '욥의 딸'로 불리는 것보다 '교회오빠의 딸'로 불리기를 희망합니다."

소연이를 생각할 때 우리 모두 '교회오빠'라는 제목에 동의하게 되었다. 이관희가 소연이에게 준 선물이 신앙의 유산이라면 제작진이 소연이에게 준 선물은 '교회오빠의 딸'이란 호칭이길 바란다.

명대사

14

마지막 고통, 단절된 느낌

"하나님으로부터
단절된 것 같은 느낌,
예수님이 느끼셨던
그 느낌
십자가에서"

이관희 오은주 부부의

이 대화를 촬영하던 날 나는 촬영현장에 없었다. 누나를 4년간 치료했던 대학병원에서 마침내 손을 놓았기 때문에 그날 나는 잘 걷지도 못하는 누나를 KTX에 눕히고 고향인 부산의 한 호스피스로 내려가고 있었다. 창문 밖 노을을 보면서 '고향을 떠나지 말지. 아! 누나의 서울생활이 이렇게 끝나는구나.' 하는 생각에 눈물이 흘렀다. 이관희 오은주 부부는 부부대로, 나는 나대로 손톱만큼의 희망도 없이 그저 캄캄한 시간이었다.

부부의 이 대화를 확인한 건 이관희가 세상을 떠난 후 편집 과정에서였다. 이관희는 극심한 고통 속에서 통증으로 온몸을 비틀면서도 혼신의 힘을 쏟아 오은주에게 말했다.

"매일 하나님한테
하나님!
나를 불쌍히 여겨 달라고…
나의 죄를 불쌍히 여겨 달라고…
날 긍휼히 여겨 달라고…
이 환란 가운데에서 나를 구원해 달라고 매일 기도하고…

주님 뜻이 이런 거면
이 고통을 감할 수 있게 해 달라고 밤새 기도하는데
하나님은 응답을 안 해 주셔. 그게 더 무서워.
하나님께서 내 기도를 듣지 않고 계시는 것 같아서…
단절된 느낌…
하나님으로부터 단절된 것 같은 느낌…
예수님이 느끼셨던 그 느낌
십자가에서"

이 말을 마친 후, 이관희의 눈동자가 뒤로 넘어가는 걸 눈 빠른 관객은 캐치했을 것이다. 그만큼 극심한 고통이 온몸을 할퀴는 시간에 그는 죽을힘을 다해 말했던 거다.

무식한 나는 이 발언을 뺄지 말지 엄청 고민해야 했다. 이 말을 배교(背敎)선언이라고 받아들였기 때문이다. 괜히 이 한마디로 인해 지난 3년에 이르는 이관희의 투쟁이 수포로 돌아가는 게 아닐까 두려웠다. '왜 이관희는 잘해오다가 마지막에 하나님을 의심하는 거야?' '결국 하나님은 없다는 걸 마지막에 인정하는 거잖아.' 돌이켜보면 내가 성경을 몰랐기 때문에 쓸데없는 고민을 했던 것이다.

성산생명윤리연구소 이명진 소장은 이 장면을 두고 크리스천투데이의 지면에 "겟세마네 동산에서 피땀을 흘리시며 하나님과 끊어지는 단절의 아픔을 느끼신 예수님의 고통을 '교회오빠'가 느끼고 있다"고 썼다.

'사람의 아들'로서의 예수가 십자가에 못 박힌 채 죽음을 기다리며 "주여, 왜 나를 버리시나이까."라고 부르짖던 심정을 이관희는 생의 마지막에 느꼈던 것이다.

어떤 관객은 '나는 이 분의 이 같은 고백으로 인해 예수님이 느꼈을 단절감이 정말 어떤 것이었을지 생생하게 깨달았다'고 했고, 또 어떤 크리스천은 '예수님이 느낀 단절감마저 이관희 집사가 똑같이 느낀 것도 은혜'라고 했다.

나는 아직 이 잔혹한 단절을 은혜라고 부르기에는 너무 가슴이 아프다. 왜, 무슨 운명이기에 이관희는 이런 은혜까지 입어야 한단 말인가. 그래도 이제 와서 돌이켜보면 저 말을 하던 바로 그날, 이관희가 "내가 주께 대하여 귀로 듣기만 하였사오나 이제는 눈으로 주를 뵈옵나이다" (욥기 42:5)의 경지에 이르렀음을 깨닫게 된다.

마지막 제주도에서 요양할 때 이관희는
고통 속에서 하나님의 손길을 간구했다.

말기암의 통증을 모르핀 없이 참아내다

"모르핀을 맞으면
성경말씀이 들어오지가 않는대요. 그래서
통증을 차라리 참는 게
자기한테는 더 낫다고…"

명대사

15

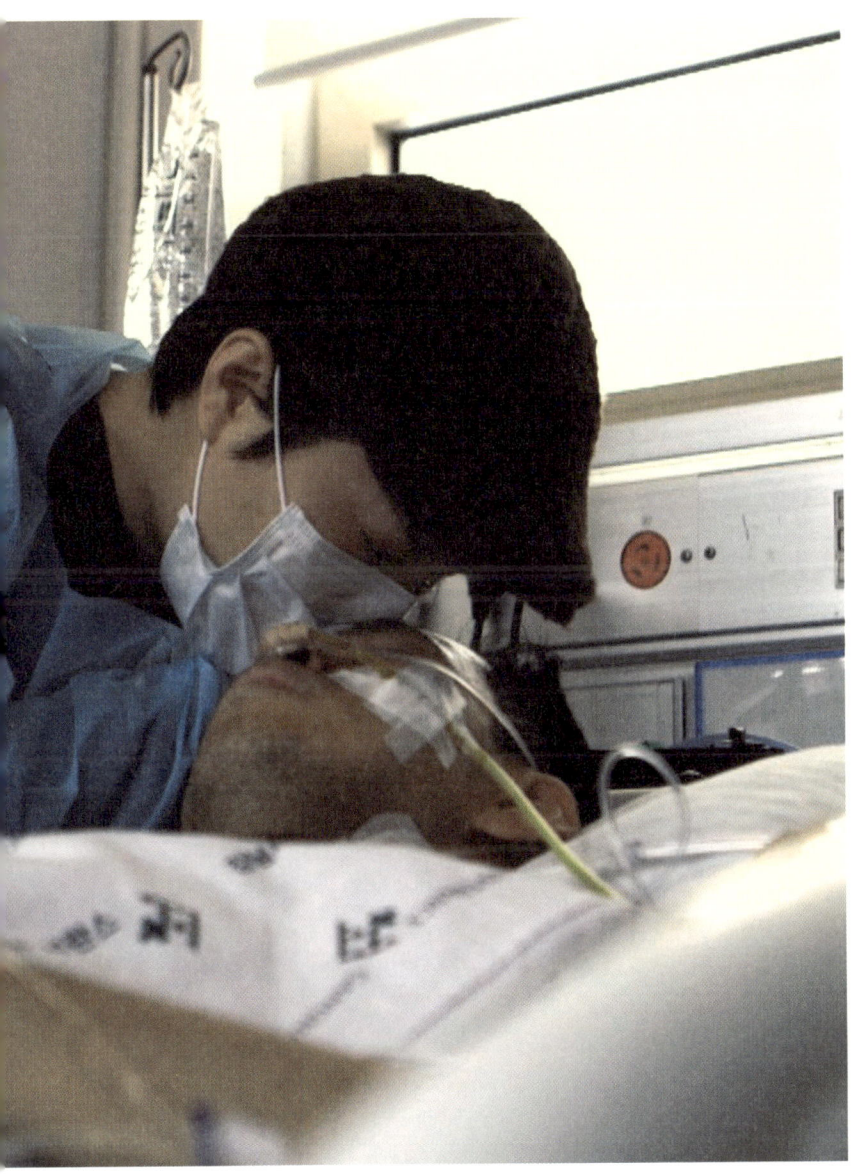

늘 이관희에게 놀라지만,

내가 정말 가장 놀란 부분이 있다. 마지막까지 모르핀을 거부한 일이다. 가족 중에 암환자가 있어 이별을 해본 사람들에게 이건 믿기 힘든 이야기다. 말기 암환자가 모르핀을 거부한다는 것은 있을 수가 없는 일이고 본 적도 들은 적도 없다.

나는 모르핀을 거부하는 이관희를 옆에서 보면서 '정말 저렇게까지 할 필요가 있을까? 오히려 모르핀을 맞은 상태가 더 하나님의 목소리를 듣기에 쉽지 않을까? 원래 힌두교 같은 종교에서는 접신을 위해 마약을 쓴다고도 하지 않는가.' 라는 생각까지 했다. 오은주는 당시 이관희가 모르핀을 거부한 이유를 이렇게 말했다.

"선생님이 '이 정도로 암이 퍼져있으면
통증이 굉장히 심할 겁니다.
모르핀을 씁시다.' 그렇게 얘기하시더라고요."

"그래서 제가 남편한테 물어봤어요.
'왜 그걸 안 맞고 참느냐?' 그랬더니 저한테 하는 말이…
모르핀을 맞으면 정신이 해롱거려지는데
자기는 지금 하나님 말씀을 보지 않으면
하루도 살 수가 없는데
모르핀을 맞으면 성경말씀이 들어오지가 않는대요.
그래서 통증을 차라리 참는 게 자기한테는 더 낫다고…
그러면서 맑은 정신으로 말씀을 읽고
싶고 설교를 듣고 싶다고…
그래서 안 맞았어요."

"그래서 임종하는 순간까지도 모르핀은 안 맞게 했고
그냥 해열 진통제만 맞았어요."

나는 2012년 지독한 인생의 위기상황을 맞이한 적이 있었다. 막막하던 그때 살길을 찾아 돌파구로 강릉의 호스피스 촬영을 갔었다.

한국 최초의 호스피스인 강릉의 갈바리의원에 들어갔다. '임종자의 벗'을 표방하는 마리아의작은자매회가 운영하는 곳이었다. 촬영이라기보다는 깨달음을 얻고 싶어 100일간 혼자서 그냥 거기에 머물렀다. 촬영이 주목적이 아니었고 다시 생을 살아야 하는 깨달음이 내게 필요한 시기였다.

100일간 수녀님들 곁에서 많은 사람들의 임종을 지켜봤다. 통증완화의료로 알려진 호스피스 의료를 받으면서도 암환자들이 너무나 고통스러워하며 임종하는 모습에 적잖이 충격을 받았다. 일반 대학병원과는 비교할 수 없을 만큼 대량의 모르핀을 써도 통증이 잡히지 않는 경우가 많았다.

나는 안타까운 마음으로 수녀님께 물었다. "왜 죽을 때 저렇게 아파야 하는 건가요?" 갈바리의원의 원장인 에디냐 수녀님이 더 안타까운 얼굴로 대답했다. "세상에 공짜는 없어요. 저 정도의 고통이 생을 마감하는 대가예요."

누나는 임종하기까지 부산의 한 호스피스 병원에서 두 달을 지냈다. 모르핀을 늘 달고 있었고, 병원 측에서는 모르핀 양이 부족하다고 생각되면 스스로 버튼을 눌러 모르핀이 증량되게끔

하는 장치를 달아주었다. 그러나 그 장치는 한번 누르면 30분 동안은 작동하지 않게 설계되어 있었다. 평소 사려 깊고 차분했던 누나였지만 1분에 한 번씩 모르핀 버튼을 누르며 화를 냈다. 그만큼 말기 암환자의 통증은 우리의 생각보다 훨씬 더 심한 것이리라.

인생의 위기에서 나를 구원해 준 갈바리의원의 에디냐 수녀님도, 평생 임종자의 곁을 지키다가 급성백혈병으로 2015년 5월 세상을 떠나셨다. 수녀님은 서울의 가톨릭계 병원에서 마지막 시간을 보냈는데, 의료진에게 "항상 떠날 준비를 하고 살았으니 이제 의식이 있을 필요가 없어요. 모르핀 양 조절하지 말고 깊이 세데이션(진정) 시켜주세요"라고 부탁했다. 심지어 수녀님도 무의미한 고통을 겪으니 차라리 의식을 잃고 싶어 했다. 그래서 보통 암환우들은 죽음보다 통증을 더 두려워한다는 말도 있다.

이관희에게도 차라리 의식을 잃고 싶을 정도의 극심한 말기암의 고통이 분명히 찾아왔다. 암은 급속도로 자라나 온갖 장기를 점령했다. 한번은 흉수를 빼기 위해 또 관을 꽂아야 했다. 그 수술실에 촬영팀이 들어갔었는데, 옆구리로 구멍을 내고 관을 꽂는 수술을 받으며 이관희는 고통으로 경련을 했다. 그 고통이 어떠했을지 우리는 차마 볼 수가 없었다.

그럼에도 이관희는 모르핀을 거부했다. 맑은 정신의 대가로 말기암의 통증을 그대로 느끼기로 결정했다. '말씀'을 보고 듣기 위해 말기암의 통증을 감수한 것이다. 그 누구도 흉내 낼 수 없는 결정, 그렇지만 나는 결코 이해하지 못할 결정이었다. 나는 아직도 그가 미련하다고 생각한다. 그리고 그 어떤 누구도 따라 해서는 안 된다고 생각한다.

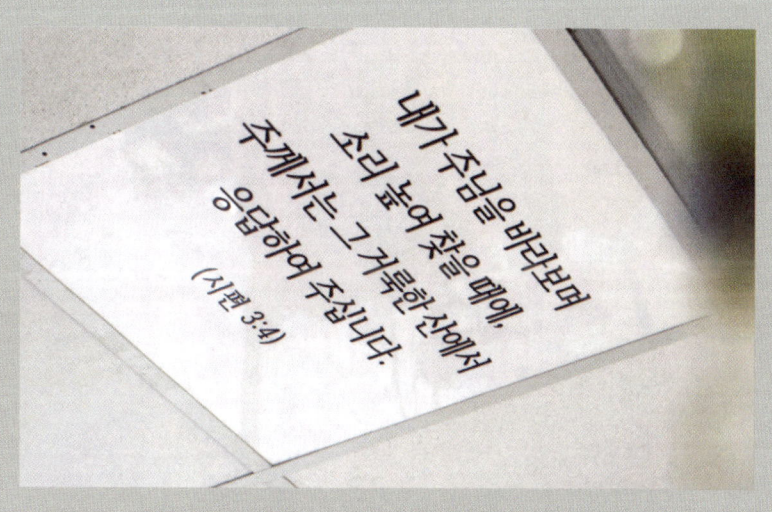

하이펙 수술 후 오은주가 중환자실로 면회 갔을 때
이관희는 안간힘을 쓰며 천장을 손가락으로 가리켰다.

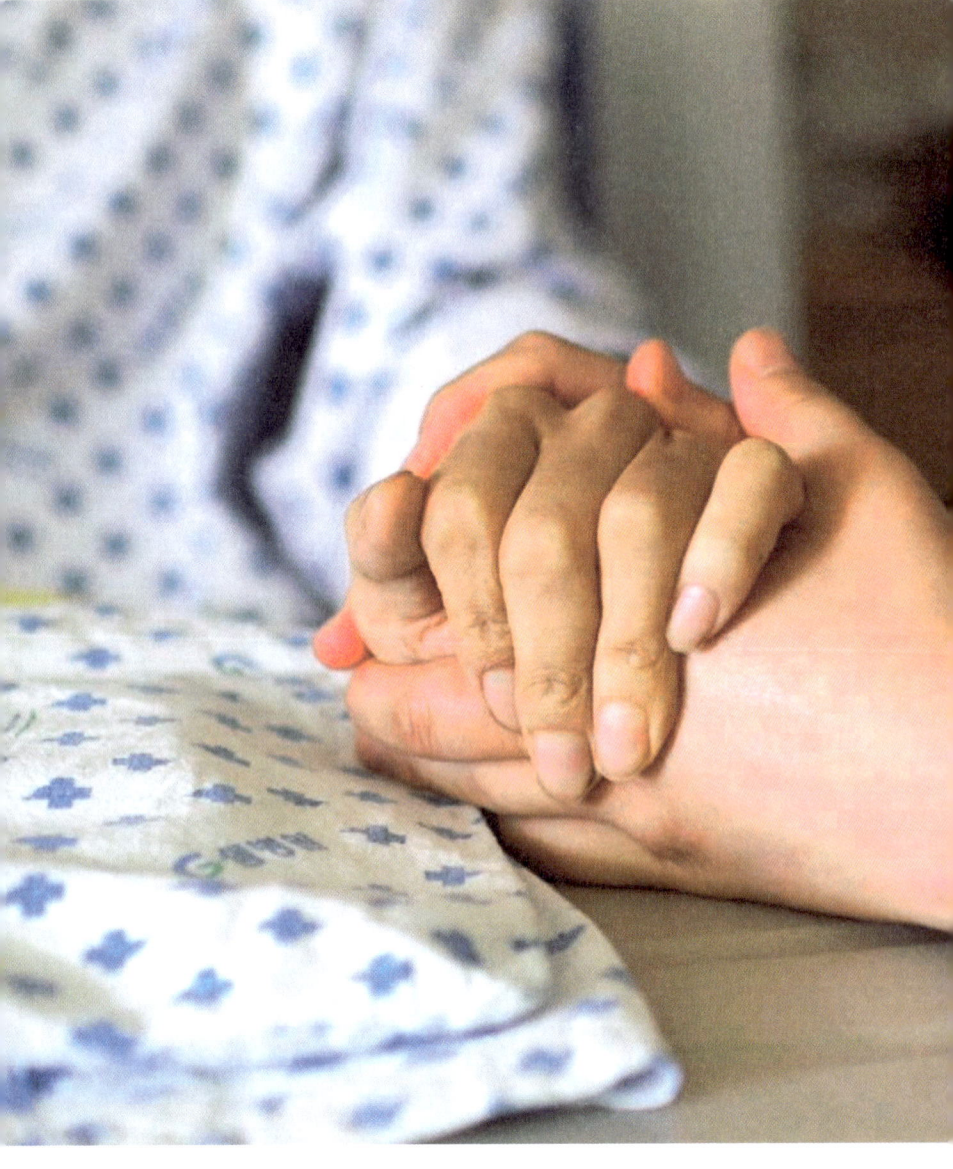

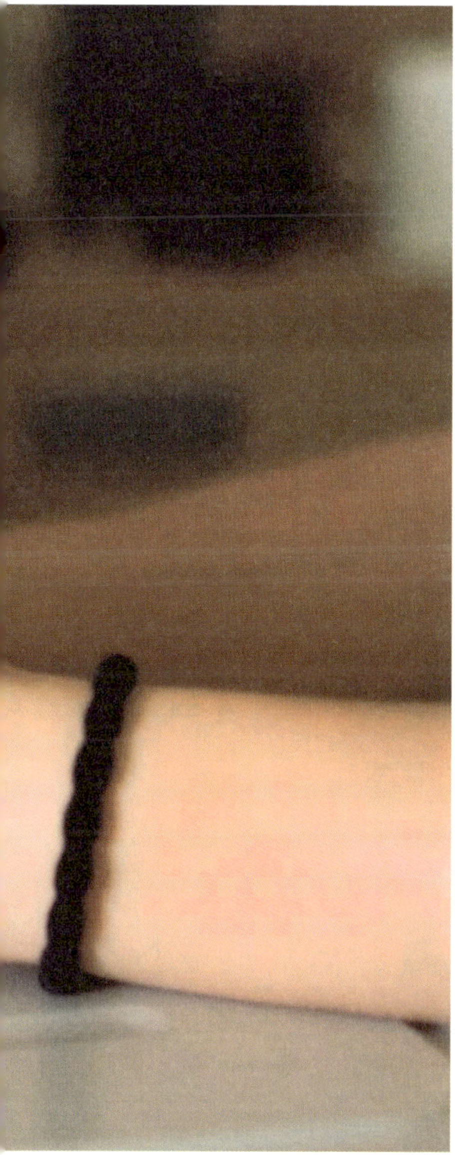

이 땅에서의 마지막 언어

"미안해…"

명대사

16

2018년 9월 15일 오전에

아내 오은주의 인터뷰를 찍기로 예정되어 있었다. 인터뷰는 에어컨도 꺼야 할 만큼 조용한 곳에서 진행되는 터라 병원을 떠나 집에서 만나기로 했다. 입안이 말라붙어 수시로 입을 헹궈야 하고 통증으로 아픈 몸을 이쪽저쪽으로 돌려줘야 하기에, 이관희 옆에는 우리 방송사 스태프 한명이 남기로 하고 오은주를 집으로 데려갈 생각이었다.

병원으로 출발하기 위해 아침 일찍 씻고 있는데 오은주로부터 "남편 상태가 안 좋아서 오늘 인터뷰는 못 하겠다"는 연락이 왔다. 이관희의 상태가 급속도로 나빠지기 시작한 것이다.

촬영팀이 병원에 도착하니 이미 이관희의 몸에는 임종증상이 본격적으로 시작되었다. 숨을 끊어 쉬는 전형적인 임종증상이 나타나고 있었다. '아! 여기가 끝이구나. 이제 이관희의 말을 들을 기회는 두 번 다시 없겠구나.' 하는 생각에 가슴이 미어졌다.

2018년 9월15일 오후, 두 번 다시 입을 열지 못할 것이라고 생각했던 이관희가 온몸의 힘을 다 짜내 뭐라고 한마디 했다. 나는 처음에 순간적으로 고통에 찬 신음소리인줄 알았다. 오은주도 처음에는 잘 알아듣지 못한 것 같았다. 그러나 잠시 후 우리 모두 그 말이 '미안해'였음을 알게 되었다. "미안해…" 이관희가 이 세상에 남긴 생애 마지막 말이다.

오랫동안 나는 사람들의 마지막 대화를 담고 싶다는 생각을 해왔다. '마지막 대화'라는 프로그램을 기획한 적도 있다. 여러 나라의 호스피스 시설을 방문해서 마지막 대화를 촬영해보고 싶었다. '앎' 출연자들의 촬영이 예상보다 길게 이어져서 실행까지는 이르지 못한 기획이었지만, 대신에 '앎'을 촬영하면서 출연자들의 마지막 대화만은 놓치고 싶지 않았다.

'앎'에 출연했던 한 엄마는 마지막 목소리를 짜내어 '서진아 엄마는…'이라고 아들에게 쓴 편지를 다 읽은 이후 목소리를 잃었고, 또 한 엄마는 어린 두 딸을 앞에 두고 '언제 어디서든 열심히 살기'라는 마지막 당부를 했다. 의사였던 한 남편은 말 대신 임종 두 시간 전에 부인의 등을 토닥거려 주었다. 출연자들의 그 마지막 대화와 모습들을 생각하면 지금도 눈가가 젖는다.

이제 마지막으로 한마디를 말할 수 있는 힘밖에 남아 있지 않을 때, 온 힘을 짜내어 그 마지막 말을 내뱉어야 하는 필사적인 노력을 생각하면 가슴이 미어져 온다. 이관희는 마지막에 아내에게 미안하다는 말을 남겼다. 여러 가지가 미안했으리라 생각한다. 무엇이 미안했는지는 그 며칠 전 부부의 대화로부터 추측할 수 있었다.

이관희 시간을 돌릴 수만 있으면 결혼식 때로 돌리고 싶어.
오은주 왜 결혼 안 하려고?
이관희 은주 더 사랑해주고 싶어서…
  오빠가 감정 표현이 서툴러서
  오빠 마음은 그게 아닌데 은주한테…
  마음껏 사랑해주지 못해서…
  많이 사랑해주지 못해서
  미안해, 은주야….

완벽한 교회오빠였지만, 아내를 마음껏 사랑해주지 못해서, 4기 암환자인 아내의 곁을 지켜주지 못해서 그리고 소연이를 키우는 일을 함께하지 못해서 이관희는 아내에게 "미안해"라는 말을 이 땅에서의 마지막 언어로 남겼다.

영화 '교회오빠'에서 소연이는 아빠를 따라
"강하고!" "담대하며!"라고 큰 소리로 외쳤다.

아주 인상적인 임종

"조금만 울게"

명대사

17

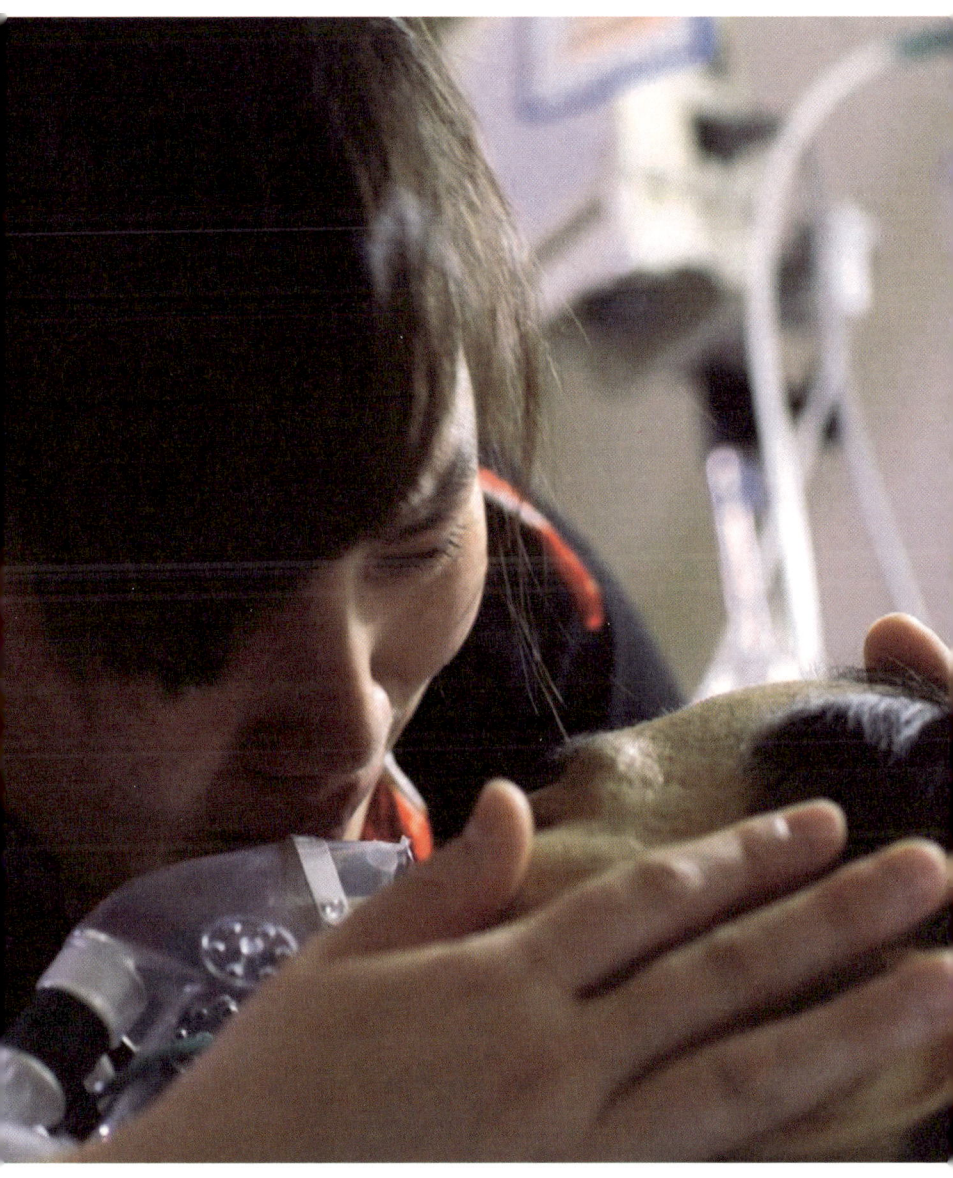

2018년 9월 15일 자정을 앞두고

병실이 분주해졌다. 아내 오은주가 준비한 이관희의 생일 파티는 병실의 시계가 0시를 가리킬 때 시작되었다. 9월 16일은 이관희의 마흔 번째 생일이었다. 다 같이 병상을 둘러싸고 생일축하 노래를 불렀고 어린 딸 소연이가 촛불을 껐다.

생일 파티가 끝나자 간호사들이 절대 오늘밤 임종하지 않을 것이니 다들 집에 가서 자고 아침에 오라고 했다. 무슨 조치를 취했다는 것이다. 아마 승압제였으리라 생각한다.

그 말을 듣고 교회의 목장에 속한 분들과 지인들은 다 떠나고 가족과 가까운 친지만이 병실에 남게 되었다. 촬영팀도 하루 종일 계속된 촬영으로 녹초가 되었기에 병원 휴게실에서 자고 오라고 보냈다. 하지만 나는 잠들 수 없었다. 왠지 이 밤을 넘기지 못할 거라는 예감이 들었다. 아마 오랫동안 '앎' 촬영을 통해 발달한 촉 때문이었든지, 이관희 '감독님'이 내게 보내는 신호를 잡았던지 여하튼 나는 병실을 떠나기 싫었다.

병실 바닥에 양반다리를 하고 앉아 이관희를 지켜보았다. 새벽 3시가 지날 무렵, 미국에서 온 여동생과 오은주가 동시에 이상한 낌새를 알아차렸다. 순식간이었다. 나는 벌떡 자리에서 일어나 병상 뒤에 설치한 고정형 카메라의 전원버튼을 누르고, 급히 촬영팀에게 전화를 했다.

곧바로 나는 친구의 아들이자 사위였던 이관희를 당신 자식처럼 아꼈던 장모님이 이 순간을 꼭 보셔야 한다는 생각이 떠올라 장모님이 자고 있는 휴게실로 뛰어가서 깨웠다. 그리고 임종 촬영이 시작되었다.

급격히 줄어드는 호흡과 코앞으로 다가온 임종으로 병실은 아수라장이 되었다. 그리고 숨을 멈추는 순간이 다가오자 온 가족이 병상을 둘러싸고 나지막이 찬송가를 불렀다.

"하늘 가는 밝은 길이 내 앞에 있으니
슬픈 일을 많이 보고 늘 고생 하여도
하늘 영광 밝음이 어둔 그늘 헤치니
예수 공로 의지하여 항상 빛을 보도다

내가 염려하는 일이 세상에 많은 중
속에 근심 밖에 걱정 늘 시험하여도
예수 보배로운 피 모든 것을 이기니
예수 공로 의지하여 항상 이기리로다

내가 천성 바라보고 가까이 왔으니
아버지의 영광 집에 나 쉬고 싶도다
나는 부족하여도 영접하실 터이니
영광 나라 계신 임금 우리 구주 예수라~"
(찬송가 493장 '하늘가는 밝은 길이')

이 찬송을 들으며 이관희가 마지막 숨을 거두는 것이 보였다. 강릉의 수녀님들에게서 배운 대로 마지막 숨을 확인한 다음 시계를 보았다. 새벽 3시 46분이었다. 아주 인상적인 임종이었다. 가족이 불러주는 찬송가를 들으며 맞이하는 죽음.

찬송을 마치고 임종을 확인한 후 아내가 남편의 얼굴을 쓰다듬으며 격한 감정을 억누르고 기도를 했다.

"주님, 감사합니다.
주님, 감사합니다. 아버지 하나님, 감사합니다.
우리 남편 천국 백성으로 삼아주셔서 감사합니다."

이관희가 어머니의 시신 앞에서 했던 바로 그 기도였다. 오은주가 이런 기도를 할 줄은 꿈에도 생각 못했다. 사랑하는 남편이 임종하는 현장에서 감사의 기도라니, 역시나 교회오빠의 아내다운 모습이었다.

곧이어 울먹이며 토해낸 한마디.

"조금만 울게"

오은주의 기도도 내게 충격적이었지만, 그다음 '조금만 울게'에서 나는 오열하고 말았다. 터져 나오는 울음이 하나님께 나아가는 남편의 발목을 잡을까 봐 '조금만 울게'라고 말하는 장면에는 인간 오은주의 애절한 마음이 들어있었기 때문이다.

명대사

18

진짜 살아있는 욥을 만난 기분

"고난 때문에
하나님에게서 멀어지는 자가 아니라
고난을 통해서
더 하나님께 나아가는 자의 삶을 산다면…"

이 부분을 영화의 마지막

인터뷰로 쓰게 되리라고는 이 인터뷰를 진행하던 시점에서는 생각지도 못했다. 그리고 이것이 영화에 나온 이관희의 유일한 인터뷰 샷이 되었다. 이 인터뷰는 2017년 2월, 암이 재발해서 두 번째 대장암 수술(하이펙 수술)을 받고 퇴원한 직후에 집에서 촬영한 것이다.

"욥도 그 순간순간
감사함으로 하나님께 나아갔던 거라고 생각하거든요.
저도 하나님을 원망하거나 불평하는 것이 아니라
어떤 상황 가운데서도
감사할 거리를 찾으려고 노력했던 것 같아요.
나의 이 고난 때문에 하나님에게서 멀어지는 자가 아니라
고난을 통해서 더 하나님께 나아가는 자의 삶을 산다면
그런 삶도 충분히 의미가 있고 행복한 삶이라는 생각이 들더라고요."

성경을 읽어보지도 않은 연출자가 이관희의 인터뷰 뒤에 마지막 자막으로 "이 모든 일에 욥이 입술로 범죄하지 아니하니라"

는 자막을 썼다. 비기독교인이 욥기에서 구절을 뽑아내는 것은 무모한 짓이었지만 내가 직감으로 저질렀다. 다만, 이관희가 생전에 욥기에서 가장 좋아하는 부분이라고 말했던 것을 기억한 덕분일지 모르겠다.

영화제작이 끝나고 오은주가 용기를 내어 제주도에서 이관희가 혼자 적어놓은 마지막 묵상일기를 열어 보았다. 거기에는 이관희가 끝까지 붙잡고 있던 욥기 구절 네 개가 적혀 있었다.

제주도의 칠흑 같은 어둠 속에서 쓴 이관희의 마지막 메모를 직접 본 순간 나는 크게 안도했다. 내가 '감독님'의 의중을 잘 짚었구나 싶었다.

"이 모든 일에 욥이 범죄하지 아니하고 하나님을 향하여 원망하지 아니하니라" 욥기 1:22

"이 모든 일에 욥이 입술로 범죄하지 아니하니라" 욥기 2:10

"그러나 내가 가는 길을 그가 아시나니 그가 나를 단련하신 후에는 내가 순금 같이 되어 나오리라" 욥기 23:10

"내가 주께 대하여 귀로 듣기만 하였사오나 이제는 눈으로 주를 뵈옵나이다 그러므로 내가 스스로 거두어들이고 티끌과 재 가운데에서 회개하나이다" 욥기 42:5~6

욥은 크게 보상받았지만, 이관희는 죽음을 맞이했다. 영화 VIP 시사회에는 최윤영 아나운서도 참석했다. 영화가 끝나고 그녀에게 가서 "영화 어떻게 보셨어요?"라고 물었더니 그 큰 눈망울에서 눈물이 쏟아졌다. "저 분은 예수님도 의인도 아니시잖아요. 그냥 일반인인데 어떻게 저렇게 큰 고통을 짊어져야 하나요? 저는 성경 속 인물이 아닌 진짜 살아있는 욥을 만난 것 같은 기분이에요."라고 했다.

"영화가 시작된 순간부터 끝나고 엔딩 크레딧이 다 올라갈 때까지 뭔가 기복적인 결말만을 기다리던 저와 남편은 영화를 보는 내내 뭔가 불편한 마음이 사그라들지 않았고, 모든 사람들이 다 빠져나갈 때까지 눈에서 마음에서 눈물만 흐르고 감히 가볍게 일어나 나오지 못했어요.
죽음 앞에서 허락된 하루하루의 시간을 오로지 신이 창조한 나의 모습 그대로 선하고 아름답도록, 죽도록 피나게 철저히 지켜나가고, 삶의 단 한 조각도 죄에게 자신을 내어주지 않기 위해 노력하시는 이관희 집사님과 오은주 집사님의 삶을 보면서… 제 삶 전체를 돌아보지 않을 수 없었죠. 그 불편했던 마음의 원인은 부끄러운 저에게 있었던 거예요."

(어느 관객의 인스타그램에서)

아름다운 동행에서 '두나미스'라는 닉네임으로 활동했던 이관희는 그 닉네임 그대로 '성령의 능력을 받아서 땅끝까지 주님의 증인'이 되어 세상을 떠났다.

비기독교인 감독이 이관희의 영화를 만든 것을 두고, 사람들은 예수가 십자가를 지고 골고다 언덕을 넘을 때 이방인이었던 구레네 사람 시몬이 얼떨결에 예수의 십자가를 대신 지고 갔던 일에 빗대기도 했다. 나는 구레네 사람 시몬이 누구인지도 모르지만, 어쩌면 이 모든 게 예정되어 있었던 것은 아닐까 싶은 생각이 든다.

아내 오은주가 전하는

우리에게 닥친 고난과 하나님의 은혜

2부

"위 이미지는 고 이관희, 오은주 집사님에게 깊은 감동과 도전을 받은 햇살콩(김나단X김연선) 작가 부부가 재능기부로 작업해주셨습니다."

스위스 융프라우에서

남편은 회사 일로 해외출장이 많았고
방학 때면 함께 해외여행을 다녔다.

01

첫사랑
이관희

고3 수험생인 오빠를 위해 엄마는 친구의 아들을 과외선생님으로 불렀다. 머리를 노랗게 염색하고 두꺼운 안경을 쓰고 나타난 남자는 고려대학교 2학년생이라고 했다. 키가 훤칠하고 어깨가 넓은 과외선생님은 1주일에 3번씩 우리 집에 와서 오빠에게 밤 늦도록 수학을 가르쳐주었다.

여고 1학년생 호기심 가득한 내 눈에는 뭔가 좀 특이한 사람으로 왠지 좋아 보였다. 그냥 말도 걸어 보고 싶고 인사도 하고 싶은데 집에 들어올 때 내 방 쪽으로는 아예 지나다니지도 않았다. 몇 번 인사했을 때도 고개 한번을 끄덕여 주지 않았다. 대학생 눈에 고등학생이 안 보일 거라 이해는 했지만 조금 자존심상하는 일이었다.

뭐라고 확 얘기해버릴까 생각했다가도 괜히 잘못 말했다간 내가 싫어서 우리 집에 안 온다고 할까 봐 겁이 났다. 오빠를 안 가르쳐 준다고 하면 큰일이라 섣불리 무슨 말을 할 수 없었다. 소심한 내 관심 표현법은 제일 어려워 보이는 수학문제를 골라서 물어보는 거였는데 그럴 때마다 과외선생님은 문제만 재빨리 풀어주고 '이렇게 하면 돼' 하고 한마디 던질 뿐이었다.

어떻게 하면 한마디라도 나눠볼 수 있을까 해서 여름엔 수박도 갖다 주고 겨울엔 호빵도 갖다 주었지만 한 번도 제대로 대화를 나누지 못했다.

하루는 피아노 레슨을 받고 돌아와 방안에서 베토벤 피아노 소나타 템페스트를 치고 있었는데, 과외선생님이 딱 한번 처음이자 마지막으로 내 방문을 두드리고 들어왔다.

"미안한데, 은천이 지금 과외하고 있으니까 좀 조용히 해줄래?"
부드럽고 따뜻한 목소리였다. 아니 그렇게 들렸다.

"네에~"

나는 세상에서 제일 환한 얼굴로 웃으며 상냥하게 대답했다.

그게 끝이었다. 오빠의 대학입학으로 과외선생님은 더 이상 우리 집에 오지 않게 된 거다. 후에 들은 이야기지만, 하늘에 맹세코 정말 털끝만큼도 나에게 관심이 없었다고 한다. 소낙비처럼 갑자기 왔다가 사라진 대학생 이관희는 그렇게 내 첫사랑이자 짝사랑이 되었다.

시간이 흘러 내가 수험생이 되었다. 엄마는 좋은 대학에 가야 관희 같은 좋은 남자도 만날 수 있고 시집도 잘 간다고 했다. 꼭 엄마의 말 때문이 아니라 친구들 모두 입시준비에 집중했기 때문에 나도 열심히 피아노 연습을 해서 꼭 좋은 대학에 가고 싶었다. 엄마는 최선을 다해 뒷바라지를 해주셨다.

고통스런 수험생 시절의 마지막이 다가왔다. 실기시험 피아노 연주하는 날, 난생 처음 절박한 심정으로 간절히 기도했다.
"하나님, 이 대학에 꼭 가고 싶어요. 붙여주시면 제가 성가대 반주 하면서 평생 하나님께 헌신하는 자가 될게요."

살면서 갖고 싶었던 것 원하던 것을 엄마 아빠가 다해 주셨기 때문에 그때 처음으로 하나님이 필요했다. 전능자인 하나님께 내가 원하는 것을 들어주시면 내가 하나님을 위해 이것을 해 드리겠다고 하는 철없는 기브앤테이크 기도였다.

보안상 커튼으로 무대를 전부 가려놓은 시험장 피아노 앞에 앉았는데 신기하게도 마음이 평안했다. 연습한 그대로 한 번의 실수도 없이 연주를 끝냈다. 연주를 마치고 무대에서 내려오자마자 긴장이 풀려서 그랬는지 주저앉아 엉엉 울고 말았다. 시험장 밖에는 함박눈이 내리고 있었다.

하나님은 내 기도에 금방 응답해주셨다. 숙명여대 피아노과에 합격한 거다. 지금 생각해도 하나님이 도와주신 것이 분명했다. 물론 무늬만 모태신앙인 나도 양심상 하나님께 기도하면서 했던 그 약속을 기억하고, 잘 지켜보려고 오랫동안 애를 썼다.

대학에 입학한 후 나는 고3때 못 놀아본 한을 풀며 신나게 놀았다. 여대에 음대이다 보니 미팅이 많았고 신입생 환영회, 종강 파티와 동문회 모임까지 꼬박꼬박 챙기며 열심히 놀았다.

마음이 참 잘 맞는 피아노과 친구들과 열심히 놀러 다녔는데, 와인을 수입하셨던 아버지 영향으로 홀짝홀짝 맛보던 술이 어느새 늘어 친구들과 술을 마시고 강의실에 들어갔다가 술 냄새 때문에 교수님한테 들켜서 혼나기도 했다.

그런 생활은 엄마의 브레이크로 곧 끝나게 되었다. 내가 너무 한심해 보였는지 엄마가 좀 제대로 된 애를 만나라며 직접 미팅을 주선해 주신 거다. 상대는 엄마 친구 아들 이관희와 그 학교 친구들이라고 했다. 엄마는 내가 그 과외선생님을 짝사랑했던 것을 알 리 없었다.

"진짜? 그 과외선생님?"
"응. 은천이 과외 해 주던 수학선생 관희 알지? 요즘 학교 축제 기간이라고 하던데. 이상한 애들 만나지 말고, 친구들 데리고 가서 만나 봐."

고대 공대생 이관희는 친오빠의
과외선생님으로 우리 집에 처음 오게 되었다.

사진 오른쪽 친오빠 오은천, 왼쪽이 오은주

달콤했던
연애의 쓴맛

곧바로 친한 친구들과 함께 엄마가 잡아준 약속날짜에 안암동으로 미팅을 하러 갔다. 친구들에게 미리 주의를 주는 것도 잊지 않았다.

"관희 오빠는 내 꺼니까 아무도 건들지 마."

음대의 자존심인 뾰족한 킬힐을 신고 안암동 언덕길을 올라갔다. 예상치 못한 희생이 있었다. 킬힐 덕분에 올라갈 땐 발뒤꿈치가, 내려올 땐 발가락이 다 까져 피가 났던 거다.

"전화해서 밑으로 내려오라고 하면 될 걸, 이 무슨 고생이냐!"

친구들의 원망도 무시하고, 드디어 만남의 순간이 왔다.

과외선생님은 여전히 멋있었다. 흐트러짐이 없었고 같이 나온 동기생들 중에서도 제일 돋보였다.

"오빠, 안녕하세요."
"안녕, 네가 은주구나. 어렸을 때 봐서 못 알아보겠네."

속으로 대꾸했다. '어렸을 때라니, 불과 3년 전인데…'

"그때보다 많이 예뻐졌네."
"(웃으면서) 저 원래 예뻤는데요."

함께 게임도 하고 재미있는 얘기도 나누고 그렇게 미팅은 잘 끝났다. 문제는 관희 오빠가 나를 보는 눈이 싸늘했다는 거다.

'정말 나한테 아무 관심이 없나 보다.'

그도 그럴 것이 대학교에서도 장학금을 놓치지 않고 열심히 공부하던 모범생이자 교회오빠의 표본이었기에 날라리였던 나를 좋아할 리가 없었다. 미팅도 자기 엄마의 권유로 억지로 나온 거라고 했다.

그런데 미팅에 함께 나왔던 다른 남학생이 나를 좋아했다. 관희 오빠와 같은 과 동기인 그 오빠는 나에게 적극적으로 연락도 하고 우리 학교 앞으로 찾아와 꽃이며 목걸이를 선물해 주기도 했다. 눈길도 안 주던 관희 오빠보다는 내게 모든 걸 맞춰주고 잘해 주는 그 남학생이 나도 조금씩 좋아졌다.

작은 부분까지 세심하게 잘 챙겨주고 항상 웃으며 거의 매일 학교 앞으로 찾아왔다. 우리 집에도 한 번 놀러왔고 좋은 가정환경에서 자란 착한 사람이었다. 그렇게 몇 번을 만나 교제하고 있을 때 관희 오빠한테 전화가 왔다.

"은주야, 관희 오빤데 인사동 스타벅스에서 만나."
"…응? 왜요?"
"할 이야기가 있어."

한글로 스타벅스라고 적혀있는 인사동 별다방에서 관희 오빠를 만났다.

"오빠가 많이 생각해봤는데… 은주가 참 매력적인 여자로 자란 것 같아. 은주가 내 친구랑 잘 만나는 거 보고 처음에는 정말 축하해주고 싶었는데… 자꾸 네가 신경 쓰이고 생각이 나고… 오빠가 아무래도 너를 좋아하는 것 같아. 너를 놓치고 싶지 않아…"
"뭐라고요? 그걸 왜 지금 말해요?"

나는 무척 혼란스러웠다. 고등학교 때 그토록 설레게 했던 짝사랑 관희 오빠가 나한테 온다고 하니 정말 기뻤지만, 이제 막 정이 들어버린 그 오빠도 참 좋았기 때문이었다. 며칠 고민 끝에 관희 오빠를 택하기로 결정했다.

드디어 관희 오빠랑 데이트를 하게 되었다. 엄마가 나보다 더 좋아하셨다. 함께 음악회도 가고 뮤지컬, 영화도 보러 다니고 알콩달콩 뜨겁게 연애를 했다. 지하철에 너무 꼭 붙어 다녀서 지나가는 아저씨가 "어이 젊은이들 좀 떨어져!" 라고 신경질을 내기도 했다. 엄마 친구인 오빠의 어머니도 나를 예뻐해 주셔서 집에도 놀러갔고, 집 근처 커피숍에서 만나 함께 리포트를 작성하기도 했다.

학교에서 연주회가 있을 때 한번은 학군단 훈련을 하고 있어서 오지 못해 미안하다며 빨간 장미꽃 100송이를 학교로 배달해 주었는데, 친구들이 몹시 부러워했다. ROTC제복을 입고 학교 앞에 찾아오면 그 모습이 너무 멋있어서 가슴이 콩닥거리기도 했다.

행복한 연애시절은 짧게 끝나고 말았다. 관희 오빠가 ROTC 소위로 군대에 가게 된 거다.

"성적을 잘 받으면 서울에서 가까운 곳으로 발령날 줄 알고 엄청 열심히 공부했는데 최전방으로 배치됐어. 철원 백골부대에 갈 거야. 그래도 핸드폰도 쓸 수 있고 자주 나올 수 있으니까 너무 보고 싶어 하지 마. 은주야, 오빠가 자주 나올게."

서울역에서 입영열차를 타고 오빠는 ROTC 동기들과 함께 눈 앞에서 떠나갔다. 울면 고무신을 거꾸로 신는다고 오빠의 어머니가 울지 말라 했는데 나는 정말 엄청 울었다.

철원 백골부대에 갔다고 하는데 우리가 예상했던 것과는 전혀 다르게 오빠는 3개월 동안 전화해도 연락이 되지 않았고, 외출도 나오지 못했다. 나는 점점 지쳐갔다. 너무나 뜨겁게 좋아하던 서로였기에 보고 싶을 때 볼 수 없다는 것이 견디기 힘들었다.

그리고 지금 생각해도 이해할 수 없는 이상한 일이 생겼다. 얼마 지나지 않아 내가 오빠에게 이별을 통보했던 거다. 관희 오빠는 내가 전화를 받지 않자 계속 내 친구에게 전화 연락을 해왔지만 내 마음은 돌아서지 않았다.

시간이 흘러 제대 후 찾아온 오빠에게 나는 새로운 남자친구가 생겼으니 더 이상 찾아오지 말라 매정하게 말했고, 그렇게 우리는 완전한 이별을 했다. 왜 그랬을까? 돌이켜 생각해봐도, 달콤했던 연애의 결말은 너무나 씁쓸한 뒷맛을 남겼다.

그 이후 서로에 대한 소식은 가끔 엄마들을 통해서만 들을 수 있었다.

엄마가 원하는 남자
내가 좋아하는 남자

●

잘 나가던 아버지의 사업이 쫄딱 망해 내 피아노에 빨간딱지까지 붙고 나서야 나는 유학을 포기하고 교사가 되기 위해 교육대학원에 진학했다. 임용고시를 준비하며 일을 병행했다.

나는 용돈 정도는 내가 벌어보겠다며 대한민국 상위 1프로의 부잣집 아이들을 개인레슨하기 시작했다. 초등학생부터 고등학생까지 피아노를 가르쳤다. 학생들은 대부분 의사나 변호사의 자제였고, 강남과 목동을 오가며 웬만한 월급쟁이 직장인보다 더 많은 수입을 얻을 수 있었다.

사업이 망해서 부모님이 경제적으로 궁핍한 시간을 보내고 있었어도 내 주머니는 돈이 마를 날이 없었기 때문에 나는 여전히 기가 죽지 않았다. 20대 한창 인기 있을 때였기에 눈은 높았고 당연히 나는 물질적으로도 문화적으로도 부요하게 살아야 한다고 생각했다.

어려워진 집안 형편을 무릅쓰고 대학원을 다니면서도 1주일에 한 번 이상은 꼭 음악회에 가야 했고 유명 전시회장 앞에서 인증샷을 찍어 자랑하기를 즐겨했다. 명품가방과 신발에 대한 집착이 있었고, 그런 것들이 나의 클래스를 높여준다고 생각했다. 돈은 얼마든지 내 능력으로 벌 수 있을 거라 생각했기에 20대의 나는 교만이 넘쳐흘렀다.

대학입시 때 한 약속을 지키려고 교회에서 대예배 반주를 계속하고 있었지만, 그때 나는 믿음에 대한 확신이 없는 무늬만 모태신앙인이었다. 급기야 나는 불신결혼도 조건만 좋으면 된다고 생각했다. '믿지 않는 자라 할지라도 결혼해서 하나님을 믿게 하면 되지 않느냐'라고 스스로를 합리화하며 마치 진열대의 물건을 쇼핑하듯이 좋은 조건의 남자를 찾았다.

하지만 결혼하고 싶을 만큼 매력도 있고 조건도 좋은 남자를 만나기란 결코 쉬운 일이 아니었다. 하나님의 도우심인가 아니면 내가 운이 좋은 건가 드디어 그런 사람이 나타났다. 그런데 한참 교제를 하고 있는 중에 또 문제가 생겼다.

경제적으로 시련을 겪으면서 엄마의 신앙이 많이 성장했는데, 그 불똥이 내게 튀었다. 불신결혼은 목에 칼이 들어와도 절대 허락할 수 없다며 눈물로 호소하는 엄마를 도저히 이길 수 없었다. 결국 나는 결혼하고 싶었던 그 남자와 헤어져야 했고, 그 이후 결혼에 대한 희망을 놓아 버렸다. 한동안 엄마가 원망스러웠다.

엄마의 요구조건은 신앙 좋은 남자. 내 필수조건은 경제력 있고 매력 있는 남자. 두 가지 조건을 다 갖춘 남자는 이 땅에 없을 것이고, 있다고 해도 내 남자일 가능성은 없었다. 이제 나이도 들어가는데 이러다 결혼을 못할 지도 모른다는 생각이 들기도 했다.

나중에야 안 사실이지만, 부모님이 경제적으로 가장 힘든 시간을 보내고 계실 때 부모님은 아들 같은 관희 오빠에게서 큰 위로를 받았다고 한다. 대기업에 입사하고 신앙적으로 가장 뜨거운 청년시절을 보내고 있던 관희 오빠는, 자기도 원치는 않았겠지만, 우리 부모님의 보고 싶다는 호출에 만나서 함께 기도해주고 신앙적으로 조언해줄 수 있을 만큼 크게 성숙해 있었다.

그리고 시간이 흘러 또다시 엄마는 친구와 짜고 관희 오빠와 내가 만날 수 있게 나에게 비밀로 하고 맞선자리를 주선했다. 나는 큰 기대 없이 의무적으로 나간 자리여서 관희 오빠를 마주 보았을 때 뭐 실망할 것도 없었다. 남자를 조건으로만 평가하던 속물로 변해버린 나였기에 첫사랑의 설렘은 오래전에 사라졌고 아무런 느낌도 감흥도 없었다.

"어? 뭐야! 오랜만이네."

관희 오빠도 내가 나올지 몰랐던 모양이었다.

"5년만인가, 잘 지냈어?"
"응, 자알 지냈어."
"나 만나는 거 알고 있었어?"
"아니, 전혀."
"나도 몰랐어."

"정말?"
아무튼 오빠는 반가운 기색이었다.

"이상한 엄마들이네."
"오빤 여태 결혼도 안 하고 뭐했어?"

나는 이상하게도 말이 퉁명스럽게 나왔다. 전에 내가 오빠를 싫다고 했던 과거사 때문이었을까.

"그러는 너는 왜 결혼 안 했어?"
"바빠서, 돈 벌어야 하니까. 우리 집 사정 잘 알잖아."

교회와 일밖에 모르는 남자. 패션도 모르고 유행도 모르고 재미없는 남자. 무슨 일이든 엄마에게 물어보고 허락을 받아야 하는 마마보이. 어머니와 여동생을 이상할 정도로 챙겨서 결혼하면 꽤나 속상하게 할 것 같은 남자. 그때 내 눈에는 그렇게 보였다. 모든 걸 떠나서 관희 오빠는 한마디로, 내게는 결혼하고 싶지 않은 남자였다.

오빠의 초등학교 졸업식장

너무 좋은 할머니, 가정적인 아빠, 현모양처 엄마,
착한 오빠, 그리고 멋쟁이 나 다섯식구 우리 집은
물질적으로 부족함 없이 신앙적으로 문제 없이
정말 행복한 스위트 홈이었다.

황당한
프러포즈

왜 미리 안 알려줬냐고 화를 내는 내게, 엄마는 그러지 말고 딱 5번만 만나보라고 통사정하셨다.

'하필이면 왜 다섯 번이야. 그래도 할 수 없지.'
그렇게 시작된 데이트는 내키지 않는 일이었지만 그렇다고 만나는 사람도 없던 터라 거절할 수도 없었다.

관희 오빠는 내가 알던 대학생 시절의 어린 청년이 아니었다. 그때에 비하면 몰라보게 어른스러워졌다. 오빠는 우리가 헤어져 있었던 시간에 대한 이야기는 꺼내지 않았다.
그리고 만나면 항상 한 번도 내 돈 주고 사본 적 없는 기독서적을 가져와서 읽어보라고 추천하곤 했다. 신앙 얘기를 할 때엔 항상 확신에 찬 모습이었다.

만날 때마다 통이 넓은 캘빈클라인 청바지와 토미힐피거 남방을 똑같이 입고 나왔다. 패션 테러리스트라고 놀려도 개의치 않고 매번 똑같은 옷이었다.

어디에 가서 데이트를 할지 뭘 먹을지 아무것도 정하지 않고, 퇴근 후면 집 앞으로 찾아와서 "오늘 뭐할래?"라는 말만 되풀이했다. 그러다 내가 괜찮은 맛집이라도 찾아 데려가면 누구랑 왔었냐고 캐묻는 진상을 부리기도 했고, 센스도 없었다.

만나면 절대 예쁘다는 말도 안 해주는 무뚝뚝한 남자였고 자기 감정을 잘 표현하지 않아 지금 기분이 좋은 건지 나쁜 건지 도무지 알 수가 없는 캐릭터였다. 집, 교회, 회사 말고는 가는 법이 없으니 내비게이션이 10년 동안 업데이트 되지 않아도 사는 데 전혀 불편함이 없는 사람, 참 한결같은 사람이었다.

어느덧 청춘의 변곡점, 서른 살이 됐다. 뜨겁지도 않았지만 또 차가운 것도 아닌 만남이 계속 이어졌다. 문제는 아빠였다.

전혀 엉뚱한 곳에서 음모(?)가 꾸며지고 있었다. 아빠 역시 관희 오빠를 친아들처럼 아끼셨는데, 아빠 사무실과 오빠 회사가 한 블록 건너 바로 근처에 있었기 때문에 나 몰래 두 분이 자주 만났던 거였다.

이것도 나중에야 안 사실이지만, 오빠와 내가 오랫동안 헤어져 있었을 때도 아빠는 관희 오빠를 불러내어 밥도 사주고 이야기도 하면서 친아들 대하듯이 했다고 한다.

그리고 서른 살이 되던 그해, 나의 의사와는 전혀 상관없이 아빠는 결행하셨다.

"관희야, 올해 안에 은주랑 결혼해라."
"네? 아… 네!"

조선시대도 아니고 무슨 이런 황당한 프러포즈가 있을까? 아뿔싸! 관희 오빠는 나 몰래 엄마와 함께 결혼식장을 예약하고 온 것이었다. 그리고 나에게 5월에 결혼식을 하게 됐으니 싫으면 직접 가서 예약취소를 하라고 했다.

"이게 뭐야! 아 진짜 거지같아!"
황당한 프러포즈를 받고 나는 오빠 앞에서 내내 울기만 했다. 오빠는 미안한 표정을 하고 물끄러미 나만 바라보고 서있었다.

나는 하나님께 묻지 않을 수 없었다.
"하나님, 제가 정말 믿음이 없고 날라리라서 저런 남자를 보내주신 것 같은데요. 그래도 이건… 이런 방식은 아니지 않나요?"
그 대답은 내가 찾아야만 했다.

내가 보기에도 이관희 씨는 하나님을 진심으로 사모하는 선한 사람, 즉 교회오빠의 표본 같은 사람이었다. 하지만 선뜻 결혼을 감행하기에는 마음에 설렘이나 감동이 없었다. 며칠 동안 일생이 걸린 중대한 고민을 해야만 했다. 지금 생각해보면 그 고민은 실로 엄청난 결과를 낳은 셈이다.

그런데 확실한 것을 하나 알게 되었다. 내게 말하기로는 헤어져 있을 때 자기도 다른 사람과 교제하며 지냈다고 했지만 그것은 거짓말이었다. 사실은 10년 가까운 시간동안 한 번도 나를 잊지 않고 해바라기처럼 내 옆을 떠나지 않고 내가 돌아오기만을 기다렸다고 한다.

'그래! 이렇게 일편단심 한결같은 사람이 어디 또 있겠나. 끝까지 나만 사랑해주고 절대 바람은 안 피겠구나.'

그렇게 생각을 바꿔 먹으니까 마음이 녹아내렸다. 스스로 부족함을 절실히 느끼고 있던 터라, 관희 오빠라면 신앙의 안내자는 물론 내 인생의 동반자로 내게 과분한 사람이라는 생각이 들었다. 앞으로 어떤 힘든 시간들이 찾아와도 이 사람과 함께라면 이겨낼 수 있을 것 같다는 확신도 들었다.

그렇게 수준 낮고 보잘 것 없는 믿음이었지만 '하나님께서 예비하신 내 운명의 짝은 이 사람이다'라는 확신을 갖고 서른 살이 되던 해 2012년 5월 26일 드디어 파란만장했던 방황에 종지부를 찍고 굉장한 착각 속에서 '교회오빠' 이관희 씨와 결혼했다.

엄마와 시어머님은 처녀시절부터 정말 친한 친구였다.
먼저 결혼한 시어머님이 어린 이관희를 안고 엄마의
결혼식에 오신 사진. 엄마를 쳐다보고 있는
어린 이관희는 예비장모님을 알아보았을까?

전쟁 같은 신혼 끝에 찾은 행복

우여곡절 끝에 한 결혼은 시작부터 결코 순탄치 않았다. 비록 지금은 우리 집이 경제적으로 폭삭 망했어도, 부자로만 살았던 나는 풍요롭게 누리며 사는 게 당연하다고 생각했다. 내 욕심과 허영을 채우는 삶을 30년 동안 살아왔기에 남편도 당연히 내 필요를 채워줄 수 있는 사람이기를 원했다.

겉으로는 모태신앙인이라면서 거룩한 척 했지만 내 안에는 방종, 교만과 물질우상이 크게 자리 잡고 있었다.
그런 나와 모범생 관희 오빠와의 결혼생활은 마치 전쟁과도 같았다.

양식을 좋아하는 나와 한식을 좋아하는 남편,
음악회를 좋아하는 나와 음악회엔 무관심인 남편,
야구장에 가본 적이 없는 나와 야구를 좋아하는 남편,
쇼핑하는 것보다 마트에서 공짜 시식하는 게 더 좋은 남편,
혼수품 독일 냄비가 이상하다며 양은 냄비를 고집하는 남편,
먹고 싶은 건 꼭 먹어야 하는 나와 비싼 건 절대 안 먹는 남편.

'비교체험 극과 극'처럼 우리는 비슷한 게 하나도 없어 보였다.

대학시절 여행과 유흥비를 벌기 위해 레슨을 했던 나와, 반드시 대학교 장학금을 타서 어려운 교회 학생들에게 장학금을 헌금하려고 놀 시간이 없었던 남편은 처음부터 완전히 다른 부류의 인간이었다.

연애시절 그렇게 신비롭게 보이던 남편의 그 많던 장점들이 다 단점으로 보이기 시작했고 한집에 살기 시작한 직후부터 거대한 짐 덩어리로 느껴졌다.

나의 신경질 잔소리는 점점 심해졌다. 한번은 제발 소파에서 과자 좀 먹지 말아달라고 이야기해도 계속해서 흘려대서 내가 과

자를 전부 쏟아 소파에 뿌리기도 했다. 왜 그렇게 깔끔을 떨었는지 결벽증에 걸린 사람처럼 남편의 일거수일투족을 감시하며 괴롭혔다. 남편은 참 요동함이 없는 사람이었는데, 그럴 때마다 이해할 수 없다는 표정으로 나를 쳐다보곤 했다.

남편을 내 취향에 맞춰 바꿔보겠다고 싸워도 보고 어르고 달래도 전혀 변하는 구석은 없었다.

한번은 남편이 참다못해 나에게 "남편을 네가 가르치는 중학생으로 취급하는 거니? 오빠를 가르치려고 들지 마!" 하며 마시고 있던 찻잔을 집어던져서 접시랑 찻잔이 와장창 깨져 버리기도 했다.
그러면 나는 "내가 원해서 한 결혼도 아닌데 당신한테 속았다"며 울며불며 대들었다.

전쟁에 지쳤는지 아니면 서로 적응을 한 건지 시간이 약이 되어 조금씩 평화가 찾아왔다. 하지만 또 다른 문제가 있었다. 나는 잘 사는 친구들과 나를 끊임없이 비교하며 더 좋은 집, 더 좋은 차, 더 좋은 가방을 갖기 원했고, 마음속에 평안이 없었고 스스로 지옥에 살기를 자초했던 거다.

엄청난 인내심과 능력을 동시에 가진 남편은 그런 내 허영을 맞춰주느라 회사에서 몸이 망가지는 줄도 모르고 밤낮없이 열심히 일만 해댔다. 훗날 내가 남편에게 너무 미안했고, 두고두고 후회한 부분이다.

남편의 직장생활은 성공적이었다. LG전자 MC연구소에서 연구원으로 근무하던 남편은 헤드헌터의 스카우트를 통해 세계적인 무선통신회사 퀄컴으로 이직했다. 그리고 그 회사에서 엄청난 성과를 냈다고 인정받아 얼마 후에는 주재원으로 독일에 가서 살 수 있을 거라고 했다.

나는 독일에 가서 결혼 전 포기했던 유학에 박사공부도 하고, 휴가 시즌마다 자동차에 온갖 짐을 싣고 유럽 곳곳을 여행하는 상상을 했다. 그리고 임신 중인 아이에게 유럽에서 우수한 교육을 받게 해줄 수 있다는 생각이 들었을 때는 너무 흥분해서 "오 마이 갓!"을 외쳤다.

중학교에서 음악교사로 근무하고 있었지만 학생들을 가르치는 일에서 오는 기쁨과 감사보다 과중한 업무와 스트레스에 지쳐 있던 나는 육아와 일을 병행하지 않아도 된다는 생각에 그날이 빨리 오기만을 고대했다.

그렇게 핑크빛 꿈에 부푼 채 정말 행복한 시간을 보냈다. 관희 오빠랑 결혼하길 잘했다는 생각에 하나님께 감사기도가 나왔다. 콧노래가 나오고 오빠에게도 전보다 더 살갑게 대했던 것 같다.

임신기간 내내 남편은 지극정성으로 나를 돌봐줬고 싸울 일도 별로 없었고 좋은 기억들뿐이었다. 드디어 2015년 9월 10일 오후 5시 57분 14시간 진통 끝에 예쁜 딸아이를 출산했다. 결혼 후 3년 4개월 만에 엄마가 된 거다. 출산 직후 2주 동안 산후조리원에서 가장 편하고 행복한 시간들이 계속됐다.

꼬물꼬물 배냇짓을 하며 움직이는 딸아이의 모습을 보는 것은 경이로움 그 자체였다. 난산으로 엄청난 육체적 피로감과 통증이 몰려왔지만 매일 퇴근 후 딸을 보러 오는 남편과 나는 건강한 생명의 탄생에 감격하여 감사 또 감사 그리고 찬양을 드렸다.

"하나님, 감사합니다. 정말 감사합니다. 너무 행복해요."

그리고 딸 소연이를 출산한지 6일 뒤인 9월 16일, 남편의 37번째 생일파티를 산후조리원에서 하게 되었다. 정말 너무 행복한 시간이었다.

"생일 축하합니다. 생일 축하합니다~
사랑하는 남편의 생일 축하합니다~
양띠 띠동갑에 똑같은 9월에 태어났네.
사랑해 둘 다."

첫 번째 고난,
남편의 대장암 4기

산후조리원에서 2주 동안 모유수유에 온통 정신이 팔려있을 때였다. 엄마들 사이에서 참젖이라며 모유 왕이라고 부러움을 한 몸에 받고 미역국을 물처럼 마시고 있던 그때 남편한테 전화가 왔다.

"은주야, 어제 새벽에 배가 너무 아파서 혼자 앰뷸런스 타고 병원에 실려 갔었어. 얼마나 아픈지 창자가 끊어진다는 느낌이 뭔지 알겠더라고. 입원하라고 했는데 은주 내일 산후조리원 퇴소니까 은주 집에 데려다주고 입원하려고 해. 내일 보자."

"많이 아팠어? 얼마나 아팠길래 앰뷸런스까지 탔어?"

"뭘 잘못 먹었나 봐. 급성장염인 거 같아."
"에구 뭘 먹었길래. 알았어요, 내일 봐요."

산후조리원에 있는 동안 남편 외에는 아무도 면회가 되지 않았기에 손녀가 너무 보고 싶으셨을 시어머니가 산후조리원 앞까지 마중 나와 계셨다.
"아이고 고생했다, 아가."

모두의 축복 속에 소연이를 데리고 집으로 향했다.
너무 작고 신비로워서 안는 것도 씻기는 것도 모든 것이 조심스러웠다. 남편은 바로 안양 샘병원에 입원했고, 매일 외출을 감행하며 소연이를 보러 왔다.

"잘 치료받아야지 왜 자꾸 나와. 이래도 된대?"
"응 괜찮아. 소연이 보고 싶어서 왔지. 밤에 항생제 맞으러 다시 들어가면 돼."

그리고 며칠이 지났을까 미역국을 꾸역꾸역 먹고 있는데 남편한테 전화가 왔다.

"은주야, 놀라지 말고 잘 들어. 장염인 줄 알았는데 검사하다 보니 대장 안에 혹이 생기고 모양이 이상하다고, 떼어서 실은 조직검사를 했었거든. 근데 대장암이라네. 너무 걱정하지 마. 수술하면 나을 거니까 알았지?"

"뭐? 대장암? 웬 암? 우리 남편 많이 놀랐겠네. 그래 걱정 마요. 요즘 의술이 좋아서 수술하면 금방 나을 거니까. 알았지?"

전화를 끊고 나니 미역국이 국반 눈물반이 되어 도저히 먹을 수가 없었다.

"하나님 왜? 왜요? 우리 남편한테 왜요? 우리 착한 남편한테 왜요? 십일조도 열심히 하고 기아아동 돕기도 얼마나 열심히 했는데… 회사하고 가정밖에 모르는 사람인데 왜요! 제 죄가 너무 커서 이리 벌을 주시는 건가요? 안 돼요, 주님… 오진이라고 해주세요. 제발…"

하루하루 피가 마르는 것 같았다. 이제 태어난 지 한 달도 안 된 소연이를 안고 소리를 삼키며 울어야 했다.

급하게 서울삼성병원에 입원을 알아보았고, 운이 좋아 빠른 날짜에 수술을 할 수 있게 됐다. 생후 한 달도 안 된 소연이를 친구에게 맡기고 수술실로 향했다.

"어머님, 괜찮을 거예요. 너무 걱정 마세요. 우리가 힘내야 해요."
정신이 없는 건 시어머니도 마찬가지였다.

수술 당일 수술을 집도하는 의사가 와서 대장암 2기에서 3기 정도로 추정되고 복강경으로 배에 구멍만 뚫고 금방 끝날 수술이니 너무 걱정하지 말고 잘 끝내고 나와서 보자고 했다.

"남편 힘내! 우리 남편 주사 맞는 것도 무서워서 병원가기 싫어하는데 배에 구멍을 뚫는다니 무섭겠다. 그래도 애 낳는 거보단 안 아플 거니까 쫄지 말고 잘하고 와. 힘내 남편!"

긴장한 빛이 역력한 남편에게 웃으며 용기를 주고 수술실에 들여보냈다.
그리고 대기실에서 계속 기도했다.

"주님, 꼭 치료해주세요. 깨끗이 치료해주세요. 의사의 손으로 성령의 치료 광선이 임하게 해주세요. 주님, 제가 잘못했어요. 제 죄를 용서해주세요. 착하게 살게요. 우리 남편 좀 살려주세요. 제발요 주님⋯."

수술 시작하고 한 시간쯤 지났을까? 수술실로부터 호출이 왔다.

'왜 이렇게 빨리 부르지? 벌써 수술이 끝났나?'

아까 수술실로 들어갔던 집도의가 수술복을 입은 채로 나와서 말했다.

"이관희 씨 보호자님이시죠?"
의사의 눈빛에 알 수 없는 긴장감이 느껴졌다.

"네, 그런데요."

"잘 들으세요. 좀 상황이 안 좋아요. 사실대로 말씀드리면 많이 안 좋습니다. 이미 암이 온몸에 퍼졌어요. 복막에 좁쌀처럼 퍼지는 복막전이 상태입니다. 분화도가 빠른 반지세포암이고요. 방광에도 전이가 돼서 대장암 4기라고 볼 수 있습니다."

"미안합니다. 정신없으시겠지만 잘 들으세요. 항암을 하게 될 겁니다. 몸에 큰 정맥을 잡아서 케모포트를 심을 거고 동의서에 사인을 하셔야 합니다. 어차피 환자가 지금 마취 중이기 때문에 지금 상태에서 케모포트를 심는 수술을 하는 것이 좋겠습니다. 아니면 두 번 수술하셔야 할 테니까요. 당장 생각하기 힘드신 건 알지만 정신 잘 차리시고 빨리 수술동의서에 사인을 하실지 결정해주시기 바랍니다."

무방비상태에서 가슴에 날카로운 칼이 박히는 듯했다. 아무 소리도 입으로 나오지 않았다. 시어머니는 옆에서 절규를 했고, 난 순간 온몸이 찢어지는 것 같은 통증을 느꼈다.

'말도 안 돼, 갑자기 왜?'

그 자리에서 잠시 기절을 했다가 정신이 들었다. 기억이 순간순간 끊겼다. 꿈을 꾸는 것 같았다. 아주 심한 악몽을 꾸는 것 같았다. 손으로 허벅지를 세게 꼬집었다.

'빨리 깨라고, 이 더러운 악몽에서 제발 빨리 깨라고….'

정신을 가다듬고 용기 내어 물었다.
"항암을 하면 살 수 있는 건가요?"

의사는 한동안 대답하지 않았다.
"최선을 다할 뿐입니다."

무릎을 꿇고 의사에게 매달리며 절규했다.
"살려주세요. 말도 안 되는 이상한 소리 하지 말고, 제발 살려주세요… 선생님, 제발요…."

그리고 기억이 중간중간 끊겼다.

"남편한텐 당분간 비밀로 해주세요…."

대기실에서 나와서 아빠한테 전화를 했다.
"아빠… 아빠는 내가 원하는 거 다 들어줬잖아. 응? 이번에도 아빠가 해줘. 관희 오빠 살려줘. 살 수 있다고 해줘, 제발…."

전화기 너머 한참을 아무 말 없이 흐느끼던 아빠가 말했다.
"의지만 있으면 살 수 있어. 관희는 해낼 거야. 은주야 정신 잘 차려."

"그치? 고마워 아빠. 살 수 있는 거 맞지?"

곧바로 엄마한테 전화했다.
"엄마 어떡해… 오빠 대장암 4기래… 어쩌면 좋아… 엄마… 엄마… ."

엄마가 오열하며 말했다.
"어떡해… 어쩌면 좋아… 은주야 미안해… 엄마가 네 인생을 망쳤어…."

"엄마 그게 무슨 소리야, 엄마가 왜 내 인생을 망쳐. 그런 말 하지 마. 그거 하나님이 주시는 마음 아니야. 엄마, 정신 차려! 오빤 이겨낼 거란 말이야!"

수술실 앞에서 절규하며 기도했다.
"하나님, 저 사람 살려주세요. 다 제 잘못이에요. 저 사람은 잘못한 거 없는 거 아시잖아요. 차라리 절 벌해 주세요. 그게 맞잖아요!"

"잘못했어요, 주님… 주님, 저한테 바라시는 게 뭔가요? 선교할 게요. 평생 봉사하고 살게요. 주님 원하시는 거 다 할게요. 살려만 주세요. 주님이 원하시는 모든 것을 다 바칠게요. 제발!"

문득 대학생 때 남편과 연애시절 갔었던 경포대가 보고 싶어졌다. 8시간의 대수술이 끝나고 남편이 차가운 몸으로 수술실에서 나왔다. 참아야 하는데, 눈물이 자꾸 터져 나와 표정관리가 너무 힘들었다. 가슴은 피눈물이 흘렀지만 남편 앞에선 웃어야 했다.

'내가 살려야 해. 내가 살릴 거야. 아직은 오빠가 알면 안 돼.'

머릿속에 수만 가지 생각이 지나갔지만 남편을 끌어안으며 입으로는 이 말밖에 할 수가 없었다.

"오빠 고생했어, 너무 잘했어. 수고했어. 사랑해. 너무 고마워. 수술 잘 됐대. 의식 잃지 마 호흡해야 해. 힘내 남편, 사랑해… 미안해…."

수술이 끝나고 아직 입원해 있을 때, 남편은 초죽음이 되어있는 엄마의 모습을 보고 본인보다 엄마의 건강을 더 걱정했다.

"은주야, 부탁이 있어. 우리, 엄마 모시고 같이 살자. 엄마 힘들어하는 거 더 이상 보기 어렵다."

내가 결혼하고 한 달 만에 뇌출혈로 쓰러져 식물인간이 되신 시아버지를 간병하느라 지칠 대로 지친 시어머님이셨다. 엎친 데 덮쳐 남편과 다름없던 아들의 대장암 4기 소식에 시어머님은 맥없이 무너져버렸다.

"그래, 오빠가 원하는 건 다 들어줄게. 모시고 같이 살자. 내가 잘 모실게. 이제 아무 걱정 말고 회복하는 데만 힘쓰자. 미안해, 내가 잘 할게."

07

사람들의 핍박과 상처
그리고 시집살이

남편의 수술 직후, 미국에 사는 시누이가 곧바로 5살, 2살 되는 조카 둘을 데리고 오빠와 엄마를 돌보겠다고 한국으로 들어왔다. 시어머님, 시누이, 조카 둘 그리고 젖먹이 딸과 아픈 남편 총 일곱 식구가 우리 집에서 함께 살아야 하는 생활이 시작됐다.

첫아이 출산하고 한 달밖에 안됐는데, 정신적으로 뿐만 아니라 육체적으로도 너무 힘들었다. 항암치료 받느라 나보다 백배는 힘들 남편에게 무슨 말을 할 수도 없었다. 남몰래 그저 울면서, 악몽 같은 하루하루를 살아내야 했다.

출산, 육아, 남편의 항암치료, 시어머님의 원망 섞인 시집살이,

그보다 더한 시누이의 잔소리 그리고 갑자기 급변한 환경 변화에 나는 정신이 멍했다. 미국에서 온 어린 조카 두 명이 날마다 집안을 난장판으로 만들어 놓는 통에 산후조리는 꿈도 꿀 수 없었다.

명치에 돌이 박힌 것 같았다. 모든 잘못이 다 나 때문인 것처럼 되었고, 나의 일거수일투족이 다 원망으로 돌아왔다.

"도대체 우리 아들에게 뭘 먹였니? 냉장고에 온통 쓰레기 밖에 없으니 애가 아프지! 나는 평생 햄버거 한번을 안 먹이고 키웠다. 너는 대체 할 줄 아는 게 뭐니? 도대체 살림을 하는 거니 안 하는 거니, 당장 냉장고 청소부터 해라!"

한마디 한마디가 가슴에 비수가 되어 꽂혔다. 출산한지 한 달 된 몸으로 매일매일 대청소를 해야 했다. 미세먼지 가득한 날씨에도 이불을 수시로 빨고 커튼은 물론이고 장롱의 모든 옷을 꺼내 빨았다. 하루 삼시세끼 암환자식으로 6명의 밥을 집에서 해먹어야 하니 전쟁도 이런 전쟁이 없었다.
'혼내는 시어머니보다 말리는 시누이가 더 밉다'고 시누이와 한 집에 있는 것 자체가 내게는 참 고역이었다.

"새언니는 우리 엄마보다 먼저 일어나는 법이 없네. 좀 일찍 일어나서 아침 차리는 거 도와야 하는 거 아니에요? 혼자만 애 키우나? 나는 미국에서 친정엄마도 없이 혼자 산후조리 다했어요. 첫째 낳고 키우면서 둘째도 혼자 다 돌봤다고요. 미국은 산후조리원 자체도 없는 거 알지요."

시어머니는 남편 이름으로 되어 있는 집을 팔아 치료비로 써야 한다고 했고, 남편은 치료비는 보험이 있어서 충분하니 팔 필요가 없다고 말했다. 그러자 시누이는 엄마 재산이니까 엄마가 팔든지 말든지 오빠는 상관하지 말라 했다.

남편은 시누이에게 자기가 죽어도 사망 보험금은 엄마 앞으로 가게 해놓았다며, "너는 오빠를 어떻게 보는 거냐?"하며 화를 냈다. 그 사이에서 나는 죄인처럼 아무 말도 못하고 벙어리가 되어 눈물을 흘려야 했다. 사탄이 궐기해서 나를 총공격하는 것 같았다.

시댁 식구의 원망과 이해하기 힘든 행동들이 계속됐지만 남편에게 하소연 할 수도 없었다. 그제서야 내가 시집을 왔다는 게 실감이 났다. 한집에 살았지만 나와 소연이는 필요 없으면 언제든 버려질 장식품에 불과한 것처럼 느껴졌다. 철저하게 외로웠고 서러웠고 그 누구에게도 나의 처지를 하소연할 사람이 없었다.

하나님께 이 모든 게 내 죄 때문이라고 잘못했다고 기도했지만 사람들의 입을 통해 모든 상황이 다 나 때문이라고 직접 듣게 되고 보니, 도무지 인정할 수 없었고 한편으론 분노가 치밀어 올랐다.

교회 사람들은 도대체 새댁이 무슨 죄를 지었길래 관희가 그리 아픈 것이냐고 물었고, '며느리가 잘못 들어와서 저 집은 저렇게 됐다'고 수군거리는 얘기가 들렸다. 새댁이 힘내서 잘 보살피라고 하는 말도 위로를 가장한 조롱처럼 들렸다.

그래도 딸이 있어서 다행이고 치료할 수 있는 방법이 있으니 감사한 것 아니냐며 심신이 지치고 영적으로 피투성이가 된 나에게 감사를 강요하는 말은 정말 상처에 뿌려진 소금처럼 따가웠다.

'내가 뭘 그렇게 잘못했는가? 이 고난이 나의 죄로 인해 벌어진

일이란 말인가? 나보다 더 악하고 쓰레기 같은 삶을 사는 사람도 많은데 왜 내가 이 나이에 아이를 낳자마자 이런 고난을 당해야 하는가? 하나님은 선하신 분이 맞는가?'

억울함과 분노가 뒤섞여 치밀어 올라올 때마다 몸서리가 쳐졌고, 사방이 담벼락인 독방에 갇혀있는 듯 답답함과 외로움이 밀려왔다. 그렇게 시간이 흘러갔다.

이 상황에서 미쳐버리지 않고 버텨내는 내 자신이 믿을 수 없었다. '이게 젖먹이 자식을 둔 엄마의 힘인가' 하다가도 '주님께서 철없던 나를 이렇게 단련시켜주시는구나'하는 생각이 들기 시작했다. 처음으로 신앙을 갖게 해준 엄마가 너무 고마웠다.

신앙이 없었다면 나는 집을 뛰쳐나갔을 지도 모르겠다. 하지만 어려운 순간마다 되뇌었다. '나는 이겨낸다. 반드시 이겨낸다. 주님이 나와 함께 하신다.' 마음속으로 계속 기도하면서 하나님께 구하면 이 광야와 같은 시간이 지나갈 것이고 모든 게 다 원래의 자리로 회복되는 복을 주실 것이라고 굳게 믿었다.

그때부터 어느 곳에서도 받지 못했던 위로를 말씀을 통해 받게 하셨다.

아무런 소망도 가지지 못하고 눈물로 베갯잇을 적시며 지독한 고통 속에 울부짖고 있을 때 하나님은 나를 향해 천천히 말씀으로 다가오셨다.

상하고 갈급한 마음이 되어서야 나는 예배의 기쁨과 말씀의 신비를 아주 조금씩 체험하기 시작했다. 하나님을 알아가고 예배와 기도하는 시간이 소중해지기 시작한 것이다.

두 번째 고난,
시어머니의 죽음

고통스런 하루하루였지만 시간은 속절없이 흘러갔다. 소연이는 무럭무럭 자라 100일이 되어 첫 세례를 받았고 집에서 백일잔치도 열었다. 그리고 시어머니의 환갑잔치까지 무사히 마쳤다. 차츰 남편의 투병생활에 모두 적응이 되어가는 듯했고, 나도 믿음으로 마음의 안정을 찾을 수 있었다.

2015년 12월 30일, 시누이도 집을 너무 오래 비웠기에 조카아이들을 데리고 미국으로 돌아갔다. 그 다음날인 12월 31일 아침 일찍 어머님도 "이제 각자의 자리로 돌아가 잘 살아내자"고 하시며 어머님 집으로 짐을 챙겨 돌아가셨다.

그날 밤, 송구영신 예배를 드리려고 준비하고 있는데 아침에 집으로 가신 시어머님이 연락이 닿질 않았다. 5차 항암치료를 받기 위해 암환자들의 회복을 돕는 양평 황토방에 들어가는 중이던 남편은 내게 엄마 집에 가보라고 했고 나는 소연이를 친정엄마에게 맡긴 채 별다른 생각 없이 시어머님 집으로 향했다.

집에 도착해서 벨을 눌러도 인기척이 없었다. 남편에게 전화했다.

"오빠, 어머님이 집에 안 계신 거 같은데? 벨을 눌러도 안 나오셔. 찜질방 같은데 가신 거 아닐까?"
"집에 불은 켜져 있고?"
"아니, 다 꺼져있는 것 같은데…"
"비밀번호 누르고 들어가 봐."
"비밀번호 알려줘."

밤인데 집안은 불이 다 꺼져있었고, 보일러를 켜놓지 않아 바닥은 냉골이었다.

"이상하다? 어머님 신발이랑 핸드폰이랑 가방이랑 다 있어."

"방안에 들어가 봐."
"안 계셔. 근데 왜 이불이랑 베개를 이렇게 죄다 꺼내놓으셨지?"
"다른 방에도 가봐."
"여기도 안 계셔. 오빠 나 집에 갈래, 이상해."
"은주야, 마지막으로 옷방에 한번 들어가 봐."
"옷방에는 왜…"

옷방 문을 열자마자 어둡고 차가운 방안에 스카프로 목을 매달고 싸늘한 주검이 되어있는 사람이 보였다. 시어머니였다. 등골이 오싹했다. 정말 충격적이었다. 가엾음과 죄송함 그리고 턱이 덜덜 떨릴 정도의 공포가 동시에 밀려왔다.

전화기를 떨어트린 채로 비명을 지르며 1층까지 맨발로 뛰쳐 내려왔다. 지나가는 사람을 붙잡고 도와달라고 했다. 아무도 도와주지 않았다. 12월 31일 밤이라 모든 사람들이 새해를 맞이하기 위해 분주하게 다른 곳으로 향하고 있었다.

다시 집으로 올라갔다. 전화기를 가져와야 했다. 덜덜 떨리는 다리를 부여잡고 방으로 들어갔다. 전화기만 얼른 찾아 갖고 뛰어 내려왔다.

그리고 119, 112, 남편에게 차례로 전화했다. 응급구조대는 자기들이 도착하기 전까지 응급처치를 해야 한다며 어머님을 줄에서 내리고 호흡할 수 있도록 조치하라고 했다. 나는 울면서 도저히 못하겠으니 빨리 와달라고 했다. 구조대가 도착했고 경찰들이 와서 폴리스 라인을 쳤다.

그리고 나에게 이것저것 질문해대기 시작했다. 어머님은 언제 마지막으로 봤는지 고부갈등은 없었는지 최초목격자는 누구인지….

나는 정신이 나간 채로 남편이 오기 전에 제발 어머님을 먼저 내려달라고 부탁했으나 경찰들은 이상한 질문들을 계속 던지며 사진을 찍어댔다.

"남편이 4기 대장암 환자예요. 지금 항암치료 중이라고요. 남편이 보고 충격받으면 안 돼요. 제발 내려주세요. 제발요." 소리 지르고 애원했다.

'어머니, 어떻게 이럴 수가 있어요.'
'이렇게 무책임하게 혼자 가시면 어떡해요.'

'당신이 그토록 사랑하는 아들은, 엄마 없이 어떡하라고요!'

남편이 올 때까지 그렇게 시어머니에게 원망을 쏟아냈다. 심장이 터지는 것 같았다.

남편이 도착했다. 경찰들 사이에 둘러싸여 있는 나를 안아주며 말했다.

"은주야… 괜찮아. 많이 놀랐지?"
"미안하다. 오빠가 미안하다. 내가 왔었어야 하는 건데…"

남편은 방안에 들어가 어머님을 눕혀 눈을 감겨드린 후 손을 잡고 기도하기 시작했다.

"주님… 주님께서 허락하신 암이라는 병도 축복으로 여기고 있습니다. 제 육과 영을 깨끗이 고치기 위함이라는 것도 알고 있습니다. 항암치료로 온몸에 두드러기가 나고 머리카락이 다 빠지고 땅에서 머리를 들 수 없어도 제가 욥보다 더 강한 믿음으로 주님만을 사랑하는 제 마음은 절대 변하지 않을 겁니다."

"그런데 주님, 제 첫 번째 기도제목은 항상 제 병의 고침이 아니라 우리 엄마의 마음의 평안을 허락해 달라는 것이었는데 제 첫 번째 기도를 어찌 이렇게 응답하십니까? 주님 저의 믿음을 시험하지 마세요…"

암 진단 이후 한 번도 내 앞에서 울지 않던 남편이 하염없이 흐르는 눈물을 닦아내며 기도했다.

"어떤 환란이 닥쳐와도 제가 주님을 변함없이 사랑하겠습니다. 절대 주님을 배신하지 않겠습니다. 주님, 사랑합니다. 주님, 감사합니다. 엄마… 엄마… 사랑해… 미안해… 엄마… 엄마…"

"이 모든 일에 욥이 범죄하지 아니하고 하나님을 향하여 원망하지 아니하니라" 욥기 1:22

09

고통 중에 찾게 된 암환우 카페
'아름다운 동행'

폭풍 같은 2015년이 지나가고 2016년 3월 8일 서른네 번째 내 생일이 되었다. 산후풍으로 인한 허리통증이 몰려왔다. 감당하기 힘들 정도로 심했다. 그동안 내색 못하고 참아왔던 슬픔이 온몸으로 터지는 것 같았다.

남편은 대장암 표적치료제인 얼비툭스 부작용으로 온몸과 얼굴에 발진이 점점 더 심해졌다. 그리고 부분탈모와 피부건조로 인한 손발 갈라짐, 신경독성으로 인한 저림과 통증, 참기 힘든 가려움 등으로 괴로워했다.

흡사 구약성경에 나오는 '욥'처럼 보였다. 다행히 남편은 엄청난 의지와 굳건한 믿음으로 그 시간들을 잘 견뎌내고 있었다.

그러나 남편을 위로해줘야 할 내가 더 이상 버틸 힘이 없는 것만 같았다. 시어머님의 죽음을 목격한 트라우마로 수면제 없이 자는 게 힘들었다. 육아와 간병에 지친 나머지 허리의 통증은 진통제를 먹어도 견딜 수 없을 만큼 점점 심해져 갔다. 항암치료를 하고 있는 남편 앞에서는 힘들다 내색할 수도 없었다.

지난 6개월 동안 휘몰아쳤던 폭풍 같은 일들을 말할 곳이 없었다. 누가 들어도 너무나 불행한 일이었지만, 위로해줄 사람이 아무도 없었다. 말하려고 해도 다들 듣기를 버거워했다.

아무리 해석하려 해도 납득할 수 없었고, 도망치고 싶어도 벗어날 수 없는 환경이었다. 믿는 지체들도 내 앞에서 수군거리며 남편과 아이를 위해 계속 내가 더 힘내야 한다고만 했다. 슬퍼도 참고 견디라 했다. 이 또한 지나간다고 했다.

나는 감옥에 갇힌 것처럼 고립된 채 지냈다. 성경말씀을 읽는 시간이 꿀처럼 달았지만 육체적 피로와 통증은 그것으로 해결되지 않았다.

남편도 항암치료가 계속되니까 육체적으로 점점 쇠약해져갔다. 서로에 대한 서운함과 상처들이 더 이상 가려지지 않고 밖으로 튀어나와 험한 꼴을 보이기도 했다. 한계가 온 것이었다.

그때 온라인 커뮤니티인 '아름다운 동행'을 찾게 되었다. 암환자와 보호자들이 투병정보를 공유하는 네이버 카페였다. 나는 방안에 갇혀 지내며 '아름다운 동행'에 글을 쓰기 시작했다.

얼굴도 이름도 모르는 그 가상공간에서 같은 처지에 놓인 사람들이 서로 위로해주고 정보를 교류하는 따뜻함에 이끌려 나도 보호자로서 남편의 투병일기를 그곳에 쓰기 시작한 것이다. 응원의 댓글 한마디에 힘이 났고, 먼저 겪은 선배 환우들의 투병기도 참고가 되었다. 우리 부부의 이야기도 암환자와 보호자들 사이에 조금씩 퍼져나갔다.

동병상련으로 같은 상황에서 암과 싸우고 있는 모습을 보는 것이 큰 위로가 됐다. 모두 죽을힘을 다해 견뎌내고 있는 것처럼 보였다. 나는 새로운 소망이 생겨났다. 우리 남편의 완치 글을 이곳에 쓰고 꼭 하나님을 증거하리라! 그리고 그 공간에서 처음으로 신앙고백을 했다.

딸 출산, 삶과 죽음, 대장암 4기를 겪으며

모든 것의 주권자는 하나님이심을 부인할 수 없었다. 그리고 왜 지금 이때에 하나님이 이러한 사건을 우리 가정에게 허락하신 건지 매일 고민하고 묵상한다. 나는 그 이유를 아직 모른다. 이제 더 이상 알려고 하지도 않는다. 내 지혜로는 그분의 경륜과 일하심을 이해할 수 없다는 것을 알았기 때문이다.

그리고 그럼에도 그분을 신뢰하는 법을 배우고 있다. 우리 가정을 높이 쓰실 거라고 믿고 있다. 무엇보다 우리 부부를 너무 사랑하심을 느끼고 체험한다. 앞으로 어떠한 길로 인도하실지 우리 부부는 전혀 알 수 없다. 세상의 쾌락과 잘 먹고 잘 사는 것을 최고 가치로 여기던 서른셋의 내 인생을 완벽하게 터닝 포인트 시키신 하나님께서 내게 원하는 삶이 무엇인지 찾고 있다.
그리고 잘 인도해주실 거라 믿는다. 하나님의 완벽한 때에 완벽한 방법으로 말이다.
우리 부부는 정말 지금 행복하다. 세상 사람들이 알 수 없는 신비한 평안함을 누리고 있다. 삶이 하루하루가 너무 소중하고 감격스럽다. 그 어느 때보다 서로를 사랑하게 됐고 존귀하게 여기게 됐다.

10

세 번째 고난,
은주의 혈액암 4기

허리 통증이 심해지는데도 나의 믿음은 조금씩 커가고 있었다. 하나님을 향한 절대적 시선에 흔들림 없는 남편을 바라보며 부족한 나도 남편을 따라갔고 피투성이가 된 서로이지만 우리 가정의 머리이신 주님께 모든 걸 의지하며 남편의 항암치료에 전념했다.

한 달쯤 지났을까, 산후풍으로 점점 심해지는 통증 때문에 병원에 입원해서 치료를 받게 되었다. 담당의사가 내게 말했다.

"몸 안의 림프절들이 이상할 정도로 부어있어요. 단순한 탈장이나 염증은 아닌 것으로 보입니다. 항생제 치료를 했는데도 피수치가 전혀 좋아지지 않아요. 산후풍이라고 해서 이렇게 진통제를 세게 쓰는 사람은 없어요. 조직검사와 시티검사, 펫시티 검사까지 해보죠."

급하게 모든 검사가 이어졌고, 골수검사도 필요하다고 했다.

'몸이 정말 힘들었나보다. 힘들만도 하지.'라고 생각하며 모든 검사를 마치고 병실에서 혼자 잠들어 있는데, 의사와 간호사들이 와서 날 흔들어 깨우며 말했다.

"보호자분 안 계신가요?"

그때 남편은 12차 얼비툭스와 폴폭스 항암을 하고 있는 상태였고(몸에 항암제를 달고 2박 3일을 맞아야 하는 치료) 소연이가 열이 40도가 넘어서 급히 소연이를 데리고 소아과 응급실로 가던 중이었다.

"오은주 씨, 조직검사 결과 혈액암으로 나왔습니다. 골수전이가 있어서 4기입니다. 시티상으로 봐도 상당히 많이 퍼져 있어서 당장 항암치료를 시작해야 합니다."

몸 안의 모든 조직들이 비정상적으로 커져 장기들을 몸 밖으로 밀어내고 있었고 펫시티 사진에 몸 전체가 검정색으로 보일 정도로 암은 이미 많이 퍼져있었다. DLBCL(Diffuse large B-cell lymphoma)grade IV. 생전 처음 들어보는 말이 내 병명이라고 했다.

'그래서 이렇게 아팠구나.'
'남편을 통해 죽음보다 무서운 게 암이라는 걸 알게 되었는데 이제 내가 그 고통을 겪어야 하는구나.'
눈물과 동시에 헛웃음이 나왔다. 기도해야만 했다.

"하나님, 제 기도에 응답하셨군요… 제가 너무 죄책감에 괴로워하니 제 힘든 마음을 덜어주셨군요. 저도 이제 남편과 같은 입장이 되었어요… 주님, 저희 부부를 정말 사랑하시는군요… 얼마나 크게 쓰시려고 이렇게 혹독하게 훈련하십니까? 저 이제 가진 것 아무것도 없어요… 오직 주님뿐입니다."

말로 다 할 수 없는 엄청난 고통과 두려움의 시간 앞에서 나는 발가벗겨진 내 모습을 직시할 수 있었다. 잡히지 않는 욕심과 끝없는 바벨탑, 돈과 행복의 노예가 되어 거룩함을 놓치고 살아왔던 내 삶을 하나님은 송두리째 흔드셨다.

아무리 흔들어도 변하지 않는 나였기에 이렇게 부르실 수밖에 없는 그 애통함이 깨달아져 통곡하고 미친년처럼 울었다. 같은 병실에 있던 환자들이 그만 울라고 욕하며 소리쳤지만 멈출 수가 없었다.

내 안에 선한 것이 하나도 없고 얼마나 위선을 떨며 살아온 죄인인지 인정하고 보니, 마음속으로 정죄하고 상처 주었던 남편과 시댁 식구들의 수고가 깨달아졌다. 나는 용서할 사람이 아니라 용서받아야 할 사람이라는 것과 겸손함으로 포장한 교만, 인정중독, 하나님의 자리에 물질을 우상숭배했던 모습들이 보이기 시작했다. 다윗의 분수령적인 회개가 어떤 것이었는지 느껴졌다. 하나님께 원망보다 내 마음을 변화시켜준 것에 대한 감사가 튀어나왔다.

나도 나지만 이 일을 남편에게 어떻게 전해야 한단 말인가? 전화할 용기가 나지 않았다. 남편이 대장암 진단을 받았을 때 내가 느꼈던 그 죄책감, 괴로움, 고통을 남편에게 주고 싶지 않았다. 12차 항암치료를 이제 막 끝낸 남편이 들어야 할 소식으로는 너무나 가혹했다.

우리는 전화기를 붙잡고 한동안 아무 말도 못하고 소리 없이 울었다. 그리고 누가 먼저랄 것도 없이 미안하다고 사랑한다고 말했다. 모든 상처와 아픔들이 서로 자기 탓이라고 고백했다.

눈이 퉁퉁 부어 병실에 들어온 지칠 대로 지쳐버린 남편을 바라보니 가슴이 찢어지는 것 같았다. 나를 바라보는 남편의 심정 또한 나와 같았으리라. 우리는 한동안 소리 내어 울고만 있었다. 서로에 대한 미안함, 죄책감, 애통함에 흐르는 눈물을 어찌할 수 없었다.

그때부터 남편과 나는 완벽한 한 팀이 되었고 말하지 않아도 서로의 마음을 이해할 수 있는 처지가 되었다.

모든 심판은 끝났고 이제 하나님께 맡기기만 하면 되었다. 우리는 아브라함처럼 어디로 가는지 전혀 몰랐지만, 누구와 함께 가야 하는지는 아주 정확하게 알고 있었다.

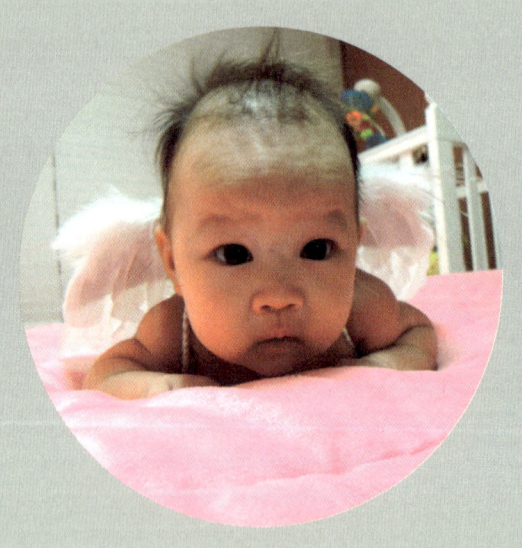

"하나님, 우리 소연이를 보내주셔서 감사합니다."
하는 말이 우리 부부의 입에서 떠날 날이 없었다.

멍게와 문어가 된
부부

첫 번째 항암치료를 받으러 남편 손을 잡고 삼성병원 암병동으로 향했다. 보호자로서 남편을 데리고 12번의 항암치료를 받으러 갈 때마다 매번 눈물로 걸었던 그 길과 똑같았다. 다만 대장암 4기 남편이 보호자가 되고 내가 암환자가 된 현실이 기가 막힐 뿐이었다.

하나님께서 내게 혈액암 4기라는 병을 허락하신 다음 시작된 항암치료는 불지옥과 같은 심판의 연속이었다. 침대가 덜컹거릴 정도로 심각한 오한과 발열, 이상증세를 일으켰고 남편과 친정아버지는 입원실에서 오열하며 간호사를 응급 호출했다.

나는 정신이 혼미한 채로 남편에게 말하고 싶어도 소리가 나오지 않았다. 분명히 소리를 냈는데 소리가 나질 않았다. 할 수 없이 입모양으로 말해야 했다.

"오빠 너무 추워."

용케도 알아들은 남편은 바로 이불과 핫팩을 싸들고 와서 울며 나를 안고 기도했다.

"주님… 주님! 제발 도와주세요."

응급처치로 위기상황은 모면했으나 정말 이러다 죽을지도 모르겠다는 두려움을 뼈저리게 체험한 순간이었다.

첫 항암치료 이후 두피가 벗겨지며 머리카락이 반 이상 한 움큼씩 빠져나갔다. 영화에서나 나오는 시한부 인생, 비련의 여주인공이 바로 거울 속 나였다.

그래도 조금이라도 남겠지 싶어 혹시 머리를 안 밀어도 되지 않겠냐고 항암전문 간호사에게 질문을 했더니, 너무나 무표정한 얼굴로 한 가닥도 안 남고 완전히 다 빠질 거라고 했다.

결국 삭발을 하러 갔다. 처음 삭발을 하고 울지 않는 사람이 있을까? 근데 어이없게도 웃음이 났다.

항암치료로 얼굴에 발진이 올라와 멍게가 되어있는 남편과 머리가 다 빠져 방금 문어가 된 내 모습을 보며 왜 그렇게도 웃음이 나던지… 인생은 가까이서 보면 비극이지만 멀리서 보면 희극이라고 누가 그랬는데 딱 그 말이 맞았다.

그래서 우리는 그냥 웃기로 했다. 너무 예쁜 소연이를 보면서.

내가 암을 진단받기 전까지만 해도 나는 남편의 대장암을 치료할 비법을 찾아 열심히 공부를 했었다. 인터넷에서 4기암 생존율, 항암음식, 대장암 복막전이 환자 중 완치한 사람은 있는지, 어떤 치료를 해야 하는지, 통합치료는 무엇인지 등등을 계속해서 검색했다. 검색할수록 절망의 수렁에 빠지는 기분이었다. 하지만 멈출 수 없었다.

면역치료, 수많은 좋다는 약과 음식들에 대해 공부했고, 항암치료 중 주의해야 할 점, 수술 후 관리법, 하이펙(HIPEC)수술, 황토방, 암을 치료하기 위해 가장 우선시해야 할 것들을 중점으로 공부했다.

고3 때도 내 돈 주고 사본 적이 없는 책을 박스로 사다 읽었고, 밑줄 치며 공부하다 보면 새벽 2~3시를 넘기기 일쑤였다.

겨우 잠자리에 들면 젖먹이 딸은 배가 고파 새벽에 깨서 엄마 잠을 설치게 했고, 아침에 비몽사몽간에 남편을 위한 항암밥상을 차린다고 토마토, 브로콜리, 버섯, 온갖 풀을 잔뜩 올려내면 남편은 입맛이 없어 먹지 못하고 굶기 일쑤였다.

그럴 때마다 온갖 생색과 화가 올라와 "오빠는 대체 살려고 하는 의지가 있는 사람 맞아? 얼마나 준비하고 정성들여 차렸는데 차려준 사람 성의를 생각해서라도 좀 먹어야 되는 거 아냐?" 하고 잔소리를 해대고선 뒤돌아서 우는 날이 참 많았다.

보호자로 들어가던 암병동 항암치료실에서 정확히 2주 만에 남편에게 똑같은 말을 이번엔 내가 들어야 했다. 내가 싸주던 토마토, 브로콜리, 버섯, 삶은 달걀을 똑같이 가져와서 남편은 내게 먹으라고 했다.

"이런 기분이었구나. 정말 미안해 오빠. 정말 괴로웠겠다. 진심으로 사과할게. 나 정말 못 먹겠어. 이것 좀 치우고 샌드위치랑 컵라면 좀 사다줘. 제발 부탁이야."

"은주야, 살려고 하는 의지가 대체 있는 거야? 없는 거야? 싸온 사람 성의를 생각해서 조금이라도 먹어봐."

남편은 화내는 표정을 지으며 웃고 말았다.

"아, 뭐야. 크크크…"

항암치료실에서 낄낄대는 부부는 우리밖에 없었으리라.

고난이 닥치기 전에 우리는 그저
교회에 다니는 평범한 커플이었다.

12

암환자 커플의 사랑법

내가 암에 걸린 후 음식에 대한 스트레스도 사라졌다. 서로 같은 암환자니까 음식에 대해 눈치 볼 것도 없었다.

"오빠 뭐 먹을래?"
"맛있는 거 먹으러 가자."
"나 오늘 비싼 거 먹고 싶어."
"뭐?"
"레스프리 피에르가니에르 코스"
"그게 뭔데?"
"엄청 비싸. 한 번도 못 먹어봤어."
"가자."

"정말?"
"죽기 전에 먹어봐야지."
"대박!"

신기하게도 암이라는 고난을 만나기 전보다 함께 암환자가 되고 난 후 우리 부부는 더 금슬이 좋아졌다.

남편이 아프기 전엔 우리도 남들처럼 아침에 출근할 때 잠깐 보고 저녁에 밤늦게 퇴근해서 잠자기 바쁜 식으로 살았다. 그러다가 주일에나 겨우 함께 교회에 가서 거룩한 척 했었다.

암환자가 되고 난 후에 놀라운 반전이 일어났다. 우리는 늘 함께 항암치료에 대해 이야기하고 같이 성경말씀을 묵상하면서 점점 친밀해졌고 서로를 더욱 사랑하게 되었다. 카페 이름 '아름다운 동행'처럼 우리는 그렇게 아름다운 동행을 시작한 것이다.

두 번째 항암치료를 하던 날(2016년 5월 26일)은 결혼기념일이었는데, 처음으로 가식적이 아닌 정말 멋진 데이트를 한 기분이었다. 결혼한 지 정확히 4년이 되던 날 말이다.

우리 부부는 날마다 성경말씀을 묵상하면서 마음속 평안과 감사가 넘쳐나기 시작했다. 본래 믿음이 깊었던 남편보다는 초보 신앙이었던 내가 변화된 결과였다.

나누는 것에 인색하고 남의 아픔에 공감하기 힘들었던 나는 가진 것이 없어도 나누는 것이 즐겁고 남의 아픔에 눈물을 흘릴 수 있게 되었다. 특히 똑같이 암으로 고통받고 있는 사람들을 만나면 더 도와주고 싶고 더 애통한 마음이 올라왔다.

살아서 호흡하고 있는 것만으로도 행복하고 남편의 얄미운 행동조차도 고맙고 사랑스러워 보이기 시작했다. 말하지 않아도 서로의 마음을 이해할 수 있었다. 부부간의 신뢰가 회복되고 같은 곳을 바라보게 되니 싸울 일이 없어졌다.

살아서 아이의 커가는 모습을 이만큼이라도 지켜볼 수 있음이 순간순간 감격스러웠다.

우리의 고통이 다른 사람들에게 알려져 위로가 될 수 있다는 사실을 알고 난 후에는 그것도 기쁨이 되었다. 더욱 많은 사람들이 우리를 위해 기도해주었고 언제부턴가 나를 향해 상처의 말들을 내뱉던 사람들도 사라졌다.

나는 투병생활 중에 성경말씀을 묵상하면서 초보신앙을 벗고 조금씩 믿음의 눈을 뜨게 되었다. 믿음의 눈으로 나는 우리 부부의 고난이 다른 사람들을 살리는 귀한 약재료가 될 것이라고 믿었다. 넘치게 받은 사랑과 격려에 비하면 보잘 것 없지만 주님께서 앞으로의 남은 삶에 분명히 갚을 시간들을 허락하시리라고 굳게 믿었다.

날마다 감사를 계속 고백하니 더 많은 감사할 일들이 생겨났다. 수많은 감사 속에서도 내가 느끼는 진정한 평안과 가장 큰 감사는 구원에 대한 확신을 얻었다는 것이었다. 그 확신을 얻은 자만이 알 수 있는 기쁨을 설명할 방법이 없었다. 어찌 설명할 수 있을까? 자신의 아들을 십자가에 죽게 하면서까지 우리를 구원하시고 사랑하시는 그 선하신 분의 은혜와 능력을….

서른네 살, 나는 드디어 하나님을 인격적으로 만났고 하나님은 내게 회복과 은혜의 시간이라고 매일 아침 말씀해주셨다. 하나님은 깨어나라고 얘기하시고 힘을 내라고 격려하셨다. '내가 너를 창조하였으며 내가 너의 수고를 알며 내가 너를 지키겠다'고 하셨다. 그러면서 '내가 가장 원하는 것은 믿지 않는 자들이 돌아와 나를 아버지라고 부르는 그것, 영혼구원'이라고 말씀하셨다. 그리고 내 증인이 되라고 하셨다.

나는 잘할 자신이 없었지만 그렇게 될 거라고 확신했다. 왜? 나를 만드시고 나를 사랑하시며 나에게 가장 좋은 것을 주시는 하나님임을 내가 신뢰하게 되었으니까.
나를 나보다 더 잘 아시는 하나님을 온전히 신뢰하리라, 내 평생에 하나님을 찬양하리라 다짐했다.

남편은 마지막 순간까지 한 번도 하나님을 원망하지 않았다.
암 재발 판정을 받고도 오히려 감사할 것을 찾았다.
고난이 깊어질수록 남편은 하나님의 사랑을
더 깊게 체험하는 듯했다.
(다 없어지고 얼마 안 남은 남편 사진)

13

노래자랑 대회와
'다 함께 하하하'

고된 항암치료는 매일 웃을 수는 없게 만들었다. 죽음에 대한 공포도 컸지만 걱정해야 하는 많은 현실적인 문제들이 수면 위로 떠올랐다. 남편의 암 진단으로 충격을 받고 비극적 생을 마감하신 시어머님에 대한 트라우마로 차마 내 암 진단을 친정엄마에게 알릴 자신이 없었다.

'엄마도 잘못된 선택을 하면 어쩌나?' 하는 두려움이 제일 컸다. 경제적인 문제와 소연이 육아, 시아버님의 간병 등 많은 문제들이 산적해 있었다.

내내 나를 걱정하며 살이 10킬로나 빠진, 힘들어 하시는 엄마를 바라보는 것이 제일 괴로웠다. 어쩌다가 이런 몹쓸 병에 걸려 불효를 한단 말인가.

남편과 나는 젊은 나이임에도 불구하고 암보험을 들어놨었는데, 둘 다 암에 걸리니 큰돈을 진단금으로 받았다. 어떻게든 건강을 회복하는 것이 우선이었기에 남편이 요양하고 있던 양평 황토방에 적지 않은 돈을 지불하며 함께 들어가 투병생활을 시작했다.

젖먹이였던 소연이를 친정엄마에게 맡긴 채 떠나야 하는 길이 편치 않았지만 마음을 독하게 먹었다. 지금 투병에 전념하지 않으면 소연이와 더 빨리 이별하게 될지도 모르니까.

외부와 완전히 단절된 채 나이 많은 어르신들과 함께 지내는 황토방 생활은 아주 단조로웠다. 아침식사, 운동, 점심식사, 운동, 저녁식사, 운동, 틈틈이 풍욕, 발목치기, 웃음치료, 약초 캐기 등등 좋다는 민간요법을 섭렵했다. 더 이상 남편에게 억지로 권하지 않아도 되었다. 내가 하면 남편도 따라했고, 남편이 하면 나도 따라하게 되었다.

봄이 되면 생강나무 꽃, 달맞이꽃을 차로 만들었다. 비가 오면 두릅을 따서 유기농 메밀가루에 현미유로 전을 지져 먹었다. 쑥이랑 머위, 와송, 민들레즙, 다슬기, 암에 좋다는 것들이 지천이었는데, 평생 연구만 해온 남자와 음악만 해온 여자가 아는 것이 있을 리 만무했다.

하나님께서 베풀어주시는 신비한 약초와 먹거리들을 자연 속에서 매일 먹으며 지냈다. 아랫집에 비워져 있는 땅을 빌려 삽과 호미로 밭을 갈아 옥수수도 심었다. 그렇게 차근차근 자연에서 사는 법을 배워 갔다.

황토방 사장님이 암환우들을 위해 노래자랑 대회를 준비했다. 힘든 투병생활에 지친 환우들을 위로하기 위한 공연이었다. 1등 상품으로 30만 원짜리 온열기가 걸려있었다. 남편에게 "노래자랑 대회 나가서 저거 우리가 타오자" 라고 했더니 "오빠는 그런 거 안 해~"라며 시큰둥한 반응을 보였다.

그런데 대회가 열리는 날, 남편이 갑자기 무대 앞으로 뛰쳐나갔다. 나는 깜짝 놀랐다. 나 몰래 노래자랑 대회에 신청해 놓았던 거다. 본인을 시인 이관희로 소개하더니 '다 함께 차차차'를 개

사해 '다 함께 하하하'로 가사를 읽고 나서, 춤을 추며 흥겹게 노래를 불렀다. 그리고 나도 얼떨결에 불려나가 미친 사람처럼 하하하 웃어댔고 결국 우리는 1등 상품을 획득했다. 힘든 투병 생활이었지만 재밌는 추억이었다.

남편은 감정표현이 서툴고 잘 웃지 않는 사람이었는데 암 진단을 받은 후 "웃어야 엔도르핀이 나온다"고 하며 억지로 웃는 연습을 많이 했던 터였다. 그렇게 많은 사람들을 웃기는 남편의 모습이 하도 재미있어 나는 암환우 커뮤니티에 그 영상을 올렸다.

그런데 뜻밖에도 많은 분들이 그 영상을 보게 되었고 댓글이 엄청 많이 달리는 등 반응이 뜨거웠다. 그 놀라운 반응은 전혀 예상치 못했던 '나비효과'를 가져왔다.

KBS 이호경 PD와의 만남

•

우연히 KBS 이호경 PD가 그 노래자랑 대회 영상을 보게 되었고, 우리에게 만나자고 연락이 왔다. 암환우 커뮤니티인 '아름다운 동행'의 회원이자 위암 4기 환우를 누나로 둔 보호자이기도 한 이호경 PD는 우리가 머물고 있던 양평 청운면까지 찾아왔다. 양손에 산딸기를 가득 사들고 KBS PD라며 자신을 소개한 이 PD는 생머리에 검정색 티셔츠를 입고 남편보다 더 심하게 모범생처럼 보였다.

이호경 PD는 이런저런 설명을 하면서 우리 부부의 모습을 다큐멘터리로 찍고 싶다고 했다. 남편은 1주일을 기도한 후 "우리의 병을 이기고자 하는 강한 의지의 모습들과 투병에 관한 정보들이 분명히 다른 환우들에게 도움이 될 수 있을 것이다."라며 촬영을 허락했다. 그러나 그것이 하나님의 '위대한 계획'의 시작이었다는 사실을 그때는 전혀 깨닫지 못했다.

살면서 방송국이라는 곳은 가본 적도 없었기에 촬영감독님의 카메라, 마이크 설치, 인터뷰 모든 것이 처음엔 많이 어색했지만, 촬영이 거듭될수록 우리 부부는 점점 익숙해지면서 모든 것이 자연스러워졌다. 마치 영화 속 주연배우라도 된 양 촬영이 기다려질 때도 있었고, 둘이 있을 때는 잘 하지 못했던 말도 카메라가 돌아가면 의무감에 하기도 했다.

남편은 대학시절 교내 방송국에서 일했던 경험으로 구도를 생각하며 스스로 각도를 잡기도 했고 촬영감독님이 위치를 바꿀 때는 말하지 않고 기다려주는 센스를 발휘했다.

무엇보다 같은 암환우의 보호자인 이호경 PD와의 만남이 서로에게 많은 위안이 되었다. 남편과 이 PD는 끈끈한 브로맨스를 보이며 죽이 척척 잘 맞았다. 둘이 혈액형이 같아서 잘 맞는가 보다 하며 나는 옆에서 질투 아닌 질투를 느끼기도 했다.

둘은 함께 투병에 관한 정보도 교환했고, 서로의 안부를 물으며 그 긴 시간들을 동행했다. 암환자들에게 피를 말리는 시간인 CT촬영과 3개월의 검진결과를 들으러 갈 때마다 이 PD는 항상 카메라로 동행했다.

우리 부부는 이호경 PD와의 만남이 하나님의 은혜라 생각하고, 기도할 때마다 암투병 중인 이 PD의 누님을 위해서 기도했다.

양평 황토방에서 투병생활에 도움이 될 것 같은 장면들을 보여주는 것은 어렵지 않았다. 그냥 우리가 매일 하고 있는 일상의 모습을 보여주면 되었다. 암환자들은 공기가 깨끗한 곳에 살아야 한다고 해서 시골로 거처를 옮겼고, 시멘트 독을 피해야 한다고 해서 황토방에 들어가 살았다. 피톤치드가 가득한 곳에서 숨을 쉬어야 암세포가 사멸된다고 해서 잣나무 사이에서 걸었고, 웃어야 엔도르핀이 나온다고 해서 미친 사람처럼 소리 내어 웃었다.

잣나무 사이에 떨어진 잣을 줍는데 얼마나 재미있던지, 촬영감독님은 온몸이 땀에 젖어 힘들어하는데도, 암환자인 우리 둘은 가파른 경사를 오르락내리락하며 신나게 주워댔다. 동해안에 놀러가 홍게를 먹을 때는 PD님이 촬영지원금이라며 게찜 값을 지불해준 덕에 우리는 더 맛있게 먹어야 한다며 몇 번씩 숟가락으로 게딱지를 긁어 먹기도 했다.

촬영이 익숙해질 즈음 PD님이 물었다.
"오전 시간엔 뭘 하세요?"
"일어나서 스트레칭도하고 큐티도 하고…"
"큐티가 뭔가요? 찍을 수 있을까요?"

이호경 PD님을 포함한 백우정 촬영감독님, 김판중 음향감독님 모두가 비기독교인이었기 때문에 그 시간을 찍고 싶어 할 거라고는 생각지도 못했고, 찍는다 하더라도 공영방송인 KBS에서 이 대화들이 방송으로 나갈 리가 없고, 당연히 전부 편집될 거라 생각했다.

더욱이 남편과의 큐티는 서로 싸우고 서운한 것을 이야기하다 결국엔 말씀을 잘 아는 남편한테 순종할 수밖에 없는, 그러다 결국 울며 기도하고 잘못했다고 말할 수밖에 없는 시간인지라 나에게는 참 보여주고 싶지 않은 큐티 시간이었다. 하나님은 분명 아내의 머리는 남편이니 남편에게 복종하라 하셨고 가정의 머리는 주님이시기에 남편에게 복종하는 것은 주께 하는 것이라 말씀하셨는데 머리로는 잘 알지만 그것이 참 쉽지 않았다.

"그리스도를 경외함으로 피차 복종하라
아내들이여 자기 남편에게 복종하기를 주께 하듯 하라
이는 남편이 아내의 머리 됨이 그리스도께서 교회의 머리 됨과 같음이니 그가 바로 몸의 구주시니라
그러므로 교회가 그리스도에게 하듯 아내들도 범사에 자기 남편에게 복종할지니라" 에베소서 5:21~24

처음엔 억지로 순종하는 마음으로 큐티 장면 촬영을 허락했었는데 그것이 천만다행이었다. 후에 남편과 한 큐티의 대화들이 '교회오빠'라는 영화의 주 대사가 되었으니 말이다. 하나님께서는 우리의 예상과는 다르게 이 부분을 아주 중요하게 활용하셨다. 그리고 그 도구로 비기독교인인 이호경 PD를 사용하셨다.

그렇게 우리의 모습이 담긴 영상들은, 4기 암환자 엄마들의 이야기인 KBS 다큐스페셜 '앎, 엄마의 자리'를 통해 2016년 12월 처음으로 방송에 소개되었다.

촬영 백우정, 동시녹음 김판중, PD 이호경 (사진 왼쪽부터)

3년 동안 함께 한 촬영팀은 나에겐
하나님이 보내주신 천사같은 존재였다.

15

큰 수술을 이틀 앞두고 간증을 한다고?

2016년 12월 '엄마의 자리'라는 앎 시리즈가 방송된 후 공영방송의 파급력은 엄청났다. 우리 부부는 알지도 못하는 사람들로부터 넘치는 위로와 격려를 받았다.

쪽지, 이메일로 안부를 물어봐 주시고 집 주소를 물어 좋다는 버섯이나 약초를 보내주시기도 했다. 그리고 무엇보다 엄청난 기도의 동역자들을 갖게 됐다.

반면에 사람들의 조롱도 만만치 않았다. 자랑할 만한 이야기도 아닌 집안의 그런 비참한 가정사를 어떻게 오픈할 수 있느냐며 하나님이 살아계신다면 왜 그런 저주를 주었느냐, 무슨 죄가 그리 많아 그런 벌을 받느냐 등 하나님을 조롱하고 폄하하는 말을 듣기도 했다.

그것도 잠시였다. 방송이 나간 후 1주일 만에 남편은 배가 아프다며 응급실로 향했고, 남들은 새해 소망을 기도하며 한참 기뻐할 때인 새해 첫날(2017년 1월 1일) 재발 판정이 나오고 말았다. 이미 배 안에 복수가 찼다고 했고, CT사진 상으로도 복막에 전이된 암들이 다시 올라오고 있었다. 남편과 나는 삼성병원 복도에 주저앉아 둘이 부둥켜안고 대성통곡을 했다.

그러나 딱 하루였다. 비가 온 뒤에 땅은 더 굳어지듯이 남편과 나는 슬픔에 빠져 시간을 허투루 쓸 수 없었다. 그동안 '아름다운 동행'에서 학습해 왔던 많은 옵션들을 놓고 최선의 치료방법을 찾기 위해 고군분투했다. 방송 이후 우리를 위해 기도해주었던 동역자들과 많은 사람들에게 기도 부탁을 드렸다.

우리는 의학계에서 논란이 있는 하이펙(HIPEC) 복막전이암 수술을 선택했다. 가장 빨리 잡은 수술 날짜는 2월 중순이었고 그전까지 예비항암을 하자고 했다. 뉴욕에서 촬영 중이던 PD님은 남편의 재발 소식을 듣고 급히 촬영감독님을 우리 집으로 보냈다.

그리고 남편과 두 번째 수술을 준비하는 기간 동안 의미심장한 말들을 나누었다. '나는 죽고 예수만 사는 삶'에 대한 것이었다. 나는 남편이 하는 말을 이해할 수 없었다. 어떻게 내가 죽고 예수만 산단 말인가? 내가 살아야 예수님도 내 안에 살든가 말든가 할 것 아닌가? 남편이 말하는 것들을 들으며 '그게 가능해?' 말하고 싶었지만 또 꾹 참았다.

암 재발 판정이 나오고 며칠 후, 안양제일교회 담임목사님으로부터 전화가 왔다. 남편에게 특별새벽집회에서 간증해달라는 전화였다. 2016년 12월 '엄마의 자리'를 보고 감동받은 교구 목사님께서 남편을 1월 셋째 주 간증 강사로 추천했다고 했다.

남편은 쉽게 결정하지 못하고 기도해보겠다고 했다. 그러던 중 2월로 잡혀있던 수술 날짜가 앞당겨져서 1월에 수술이 가능하게 되었다는 연락을 받았다. 교회에서 요청한 간증 날짜에서 이틀 후였다.

나는 큰 수술을 앞두고 많은 사람이 모인 집회에 가서 간증을 하는 것은 암환자인 당신에겐 무리라고 말리고 싶었다. 하지만 남편은 "수술 전에 나를 간증의 자리에 세우시는구나. 순종해야 한다."라며 간증이 하나님의 뜻이라 믿었다.

결국 하이펙 복막전이암 수술이라는 큰 수술을 이틀 앞두고 남편은 겸손한 마음으로 특별새벽집회 간증의 자리에 올랐다. 그리고 하나님께서 주신 말씀을 담대하게 선포했다.

"환난 날에 나를 부르라 내가 너를 건지리니 네가 나를 영화롭게 하리로다" 시편 50:15

"너는 내게 부르짖으라 내가 네게 응답하겠고 네가 알지 못하는 크고 은밀한 일을 네게 보이리라" 예레미야 33:3

'이렇게 큰 집회는 처음인데 얼마나 두렵고 떨리는 마음일까? 하나님, 도와주세요.'

강단에서 담대하게 하나님을 높여드리고 자신이 겪어왔던 일들을 담담하게 풀어내는 남편의 모습을 보면서 나는 엄마와 함께 소연이를 안고 하염없이 눈물이 났다. 그리고 제발 남편을 살려달라고 간절히 아주 간절히 기도했다.

우리 부부를 보고 희망을 얻고 있다는 수많은 암환우들이 있는데 그분들께 완치의 소식을 전하고 싶은데 왜 이런 일이 또 찾아온 것인가? 하지만 받아들여야 할 현실이라면 빨리 받아들여야 했다. 이 또한 더 큰 희망을 안겨줄 소식이라 기대하며 감사하기로 했다. 이 땅의 수많은 재발암 환자를 대표해서 힘을 내야 한다고 생각했다.

무너지는 멘탈을 겨우 붙잡으며 재발이라는 단어조차 쓰지 않기로 했다. 그냥 원래 남아있던 암세포들을 이번 기회에 완벽하게 없애는 기회가 주어졌다고 생각하기로 했다. 그리고 남편처럼 나도 더욱 말씀을 의지하고 기도했다.

"여호와의 말씀이니라 너희를 향한 나의 생각을 내가 아나니 평안이요 재앙이 아니니라 너희에게 미래와 희망을 주는 것이니라"

예레미야 29:11

고통을 겪어보지 않은 사람은 다른 사람의 고통을 이해할 수도 없고 사랑할 수도 없다. 고난과 고통을 겪는 이유는 다른 사람을 정말 사랑할 수 있는 사람으로 빚어지기 위해서다. 우리는 평탄하길 원하지만 하나님이 원하시는 것은 평안이다. 우리는 재앙으로 여기지만 하나님은 이것을 통해 우리에게 미래와 희망을 주는 것이라고 말씀하신다. 고난을 통과한 사람이라야만 주님 앞에 온전히 설 수 있으며 그 온전해진 모습을 하나님께서 사용하실 것이라고 나는 믿었다.

하이펙 복막전이암 수술과
KBS스페셜 '교회오빠'

●

간증집회를 마치고 이틀 후 하이펙수술하는 날 백우정 촬영감독님이 오셨다. 아직 어린 소연이를 병원에 데려올 수 없어 엄마에게 맡긴 채 나는 혼자 남편 곁을 지켜야 했다.

'아름다운 동행'에 기도해달라고 글을 썼고, 이름도 얼굴도 모르는 많은 사람들이 우리 부부를 위해서 함께 기도하고 있었다. 결전의 날 아침, 남편과 나는 서로를 위해서 기도했다. 고쳐달라고, 밖에서 기다리고 있는 나를 위해 하나님께서 그 마음을 지켜달라고….

수술실에 들어간 직후에는 '제발 수술 중에 의사가 나를 부르지만 말아달라'고 기도했다. 첫 번째 수술 때 한 시간 만에 의사가 나와서 복막으로 전부 퍼져있으니 수술이 의미가 없다고 말했던 것 같은 절망적인 말만 듣지 않게 해달라고 기도했다.

아침 7시에 수술실로 들어간 남편은 그날 밤 12시가 되어 중환자실로 나왔다. 집도의는 예상했던 것보다 암이 5배정도 더 퍼져있었고, 심각한 상태라고 했다.
모든 복막을 절제했고, 소장과 횡격막에 퍼져있는 모든 암을 지지고 잘라냈으며 대장을 완전 절제했으며 99% 암을 제거했다고 했다. 그리고 어쩔 수 없는 희생으로 장루를 달게 되었다고 했다.

수술 전 남편이 장루만 달지 않게 해달라며 그렇게 간절히 기도했는데 못내 아쉬웠다. 그러나 끝까지 수술받은 것만도 너무나 감사했다. 복막전이 점수(PCI)가 39점 중 39점이었다. 최악이었다는 뜻이다. KBS 촬영팀이 따라 들어가지 않았다면 남편의 수술이 진행되지 않았을 수도 있었겠다는 생각이 들었다.
나중에 남편이 말하기를 수술 대기실에 있던 간호사가 남편에게 이렇게 말했다고 한다.

"두나미스 님(아름다운 동행의 닉네임) 힘내세요, 잘 될 겁니다."

모든 상황과 사람들을 예비하심이 하나님의 계획 속에 있었음을 인정하고 감사기도를 드렸다.

다음날 아침 일찍 중환자실로 면회를 갔다. 남편은 치열한 전투에서 겨우 목숨만 건지고 살아 돌아온 모습이었다. 남편에게 무엇이라도 힘이 되어야 했다. 기도 말고는 할 수 있는 게 없었다. 묵상하며 적어둔 힘이 되었던 성경말씀들을 남편에게 들려주고 싶었다.

"오빠, 성경말씀 읽어줄까?"

남편은 고개를 저었다. 남편은 안간힘을 쓰며 천장을 응시한 채 손가락으로 위를 가리켰다. 천장에는 시편 말씀이 적혀 있었다.

"내가 나의 목소리로 여호와께 부르짖으니 그의 성산에서 응답하시는도다" 시편 3:4

하이펙 수술 후유증은 엄청났다. 15일간의 입원, 15시간의 대수술, 중환자실에서의 사투, 일반병실에서도 계속된 엄청난 통증. 옆에서 지켜보는 것만으로도 충분히 괴로웠다. 나는 제발 이 고통을 좀 멈추게 해달라고, 감하여 달라고 계속 울며 기도했다.

괴로워하는 나와 다르게, 남편은 그 고통 속에서도 점점 더 빛을 발하는 모습으로 변해갔다. 육신의 고통으로 괴로워 중환자실에서 몸부림을 치던 그때도 남편은 옆에서 절규하는 이들을 위해 기도했다. '그 상황에서 예수님이라면 어떻게 했을까?' 남편은 그 절망적인 상황에서도 낙심치 않고 한걸음 한걸음 예수님을 닮기 위해 처절하게 싸웠다.

퇴원 후 남편은 첫 번째 수술과 다르게 급속도로 살이 빠져갔다. 이미 여러 장기를 잃고 몸은 점점 악액질화 되어가고 몸의 근육은 소실되어 갔다. 남편은 눈에 띄게 암환자의 모습으로 변해가고 있었다.

하이펙수술 후 다시 12번의 항암치료를 받아야 했다. 1차 수술 후 받았던 12번의 항암치료를 합하면 총 24번을 받는 셈이었다. 많이 쇠약해진 상태에서 다시 항암치료를 받는다는 것은 정말 끔찍한 일이다. 치료받는 본인은 물론 그 과정을 지켜보는 보호자에게도 엄청난 고통이 따른다. 암환자이면서 동시에 보호자인 내게는 그 고통이 2배나 더 크게 느껴졌다.

남편은 그 모든 치료과정을 지독한 인내심으로 버텨냈다. 성경 말씀과 하나님의 도우심이 있었기에 가능한 일이었다.

사랑스러운 우리 딸 소연이, 외할머니의 보살핌 속에 예쁘게 커 가는 소연이의 모습 또한 남편에게 큰 위안이 되었다.

"하나님, 우리 소연이를 보내주셔서 감사합니다." 하는 말이 우리 부부의 입에서 떠날 날이 없었다.

어느 날 엄마가 다니는 교회인 우리들교회에서 이승민 목사님이 찾아왔다. 우리 부부의 큐티장면 화면 속에 우리들교회에서 사용하던 큐티책이 얼핏 보였고, 그 모습을 캐치한 교회분이 촬영감독님께 연락해 우리 집으로 찾아온 것이었다.
우리들교회 담임목사님도 유방암으로 투병 중이시라고 했다. 작년 연말 방송 '엄마의 자리'에 나간 우리 부부의 모습을 보고 많이 감동받으셨다며 인터뷰를 요청해 오셨다.

남편은 하이펙수술 후 누워서 잠도 못 자고, 서있으면 힘들어하고, 허리가 아파 앉을 수조차 없어 육체적 고통이 극심할 때였다. 보통사람 같으면 단 5분도 손님을 대하기 힘든 상태였다.

하지만 남편은 교회의 인터뷰를 거절할 수 없다며 오히려 감사한 마음으로 그 시간들을 감당해냈다. 환자의 때에 본인이 해내야 할 사명으로 생각한다고 했다.

시간은 빠르게 흘렀다. 이호경 PD님의 누님도 오랜 항암치료를 잘 버텨내고 있다고 했다. 모든 항암치료를 힘겹게 마친 후, 우리는 제주도에 가서 요양하기로 결정했다. 그 당시 시중에는 '제주도 한달살이'가 인기였는데 뜻하지 않게 우리도 그 유행에 동참하는 모양새가 되었다.

지나온 시간들이 주마등처럼 스쳐 지나갔다. 남편도 나도 서로를 위로해주는 다정하고 의미 있는 시간을 가질 수 있었다. 남편과 이제 다시는 아프지 말자고 다짐하며 제주에서의 꿈같은 한 달을 보냈다. 남편은 수술 후유증으로 몹시 불편한 상태였지만 그래도 많이 건강해졌다.

촬영을 따라온 이호경 PD님, 백우정 촬영감독님, 김판중 음향감독님, 남승준 음향감독님과 함께 제주의 멋진 노을을 보며 해산물찜을 먹기도 했다. 제주도에서의 촬영이 좋아서 너무나 멋진 다큐멘터리가 만들어질 거라며 기쁨에 들떠 모두가 자축했다.

제주의 새별오름, 한담해변, 한라산, 아름다운 장소들을 돌아다니며 소연이와 함께 아름다운 추억을 만들었다. 촬영팀도 '앎' 시리즈를 찍으며 이렇게 행복하기는 처음이라고 했다. 모든 순간들이 꿈만 같았고 정말 오랜만에 찾아온 행복한 시간이었다.

그리고 그해 겨울 2017년 12월 '교회오빠'라는 다큐멘터리가 방송되었다. 그 당시 KBS는 방송사 파업으로 극심한 진통을 겪고 있었는데 노조의 파업으로 인해 모든 방송이 불가능한 상황이었다. 그럼에도 이호경 PD는 동료들로부터 비난받는 수모를 기꺼이 감내하며 그 방송을 내보냈다. 이 또한 그의 고집과 철학을 사용하신 하나님의 한 치의 오차도 없는 계획하심이라고 나는 생각했다.

방송 이후 파급력은 엄청났다. 2016년 12월 '엄마의 자리'가 방송되었을 때보다 더 선풍적이었다. 다큐멘터리 사상 있을 수 없는 시청률을 기록했고, 온라인 맘카페에 다수의 시청후기가 올라왔으며 네이버 검색 1위를 하는 등 그야말로 기염을 토했다.

우리 부부가 처한 고난의 현실이 믿기지 않는다며 많은 사람들이 함께 울어주고 응원해 주었다. 공영방송 KBS가 잠시나마 순수복음 방송이 되었다며 또 어떻게 성경말씀이 그대로 방송에 나갈 수 있었느냐며 기뻐하는 크리스천들도 많았다.

그간의 투병생활에 대한 보상이라도 받듯이 우리는 그 시간들을 만끽했다. 감정을 잘 표현하지 않던 남편도 함께 기뻐했다.

처음 이호경 PD를 만났을 때만 해도 대수롭지 않게 생각했었는데, 2년 동안의 우여곡절 끝에 이렇게 '엄청난 이벤트'를 펼쳐주신 하나님의 은혜에 우리 부부는 그저 감사드렸다.

하나님께서 우리에게 주신 사명을 잘 감당했다는 생각이 들어 더욱 흐뭇한 기분이었다. 그리고 다시는 암을 겪는 일이 없기를 소원하고 기도했다.

17

두 번째 암 재발 후
보내주신 위로의 메신저

기쁘고 평화로운 시간은 그리 오래가지 못했다. 2018년 3월, 남편의 두 번째 암 재발 판정이 나왔다. 두 번째 수술(하이펙 복막전이암 수술) 후 1년여 만이었다. 1월부터 몸의 이상 증세를 느끼고 있던 터라 어느 정도 불길한 예상은 하고 있었지만 너무나 인정하고 싶지 않은 소식이었다. '이제 남편을 보내줘야 하는 건가? 정말 우리에게 시간이 얼마 남지 않은 것인가?'

내색하지 않으려 했지만 몸이 느끼는 컨디션이 바닥이었기에 남편도 힘들어하는 모습이 역력했다. 그렇게 말이 많던 남편은 묵언 수행하는 사람처럼 말이 없어졌고 불면증으로 괴로워했다. 그동안 너무나 담대하게 싸워왔던 남편이기에 조금씩 무너지는 모습을 바라보는 것이 나에겐 고통이었다. 그런 남편을 바라보며 내가 할 수 있는 것은 기도밖에 없었다.

그러나 남편은 항상 머리맡에 성경책을 놓고 끊임없이 말씀을 묵상하고 또 묵상했다. 불면증으로 잠이 안 오는 밤이면 행여 내게 방해가 될까 이어폰으로 설교말씀을 틀어놓고 듣다가 겨우 잠들 수 있었다.

다시 양평에 들어가 투병생활을 계속하고 있을 때였는데, 어느 날 아침 일찍 남편이 놀란 얼굴로 내게 달려오며 핸드폰을 보여줬다.

"은주야, 이 문자 좀 봐봐."

'안녕하세요. 분당우리교회 이찬수 목사입니다. 시간 되실 때 전화주시면 감사하겠습니다.'

"뭐? 이찬수 목사님? 오빠가 좋아하는 그 목사님?"

"응. 진짜일까?"

"거짓말 같은데. 그 목사님이 오빠 핸드폰 번호를 어떻게 알아? 근데 진짜면 어쩌지? 완전 대박사건이다!"

우리는 한참을 고민하다 떨리는 마음으로 전화를 걸었다. 내 심장이 쿵쾅거렸다. 남편은 양평 산속인지라 차안에서 다른 사람한테 먼저 전화해보고 통화가 잘 되는지 확인한 후, 목사님께 전화를 걸었다.

"여보세요?"

"안녕하세요. 집사님, 저 이찬수 목사입니다."

반갑게 인사를 나누고 한참 통화한 후, 목사님께서 나를 바꿔달라고 하셨다.

목사님은 작년 12월 말에 극심한 슬럼프가 와서 힘들 때 '교회오빠' 영상을 보고 큰 도움을 받았다고 하셨다. 또 이관희 집사님이 이번 주에 많이 힘들었다고 하는데, 그런 사정이 있어서 하나님께서 당신에게 연락할 마음을 주신 것 같다고, 뒤에서 기도 많이 하고 있으니까 힘내시라고 그리고 만나서 기도해드리고 싶다고 하셨다.

전화를 끊고 남편과 나는 둘이 부둥켜안고 엉엉 울었다. 하나님께 새 힘 안 주시면 힘들어서 더 이상 못 버틸 것 같다고 기도했었는데, 곧바로 위로의 메신저를 보내주셨으니 그것도 다른 사람이 아닌 이찬수 목사님이라니 믿어지지 않았다.

그때 우리의 심정은 감동과 감사 그 자체였다. 하나님께서 목사님을 통해 우리 부부와 함께 하신다고 말씀해 주시는 것 같았다. 힘을 내라고 끝까지 믿음의 레이스를 잘 펼치라고 토닥토닥 등을 두드려 주시는 것 같았다.

청년시절부터 목사님의 설교를 꼬박꼬박 챙겨듣고 또 입이 마르도록 내게 들어보라고 권면했던 남편임을 너무나 잘 알기에 그 감격은 더욱 컸다.

어머님이 비극적인 생을 마감했을 때도, 그 누구도 위로할 수 없었을 그때에도 매일 밤 목사님의 설교를 들으며 힘을 냈던 남편이었다. 그런 목사님께서 직접 전화를 주셨으니 남편에게 얼마나 큰 힘이 되었을까.

며칠 후, 분당우리교회 드림센터로 목사님을 만나러 갔다. 영상 속에서만 뵈었던 분을 실제로 마주할 생각을 하니 너무 떨렸다. 막상 반갑게 맞아주시는 목사님을 뵈니 예전부터 알고 지냈던 것처럼 편안함과 따뜻함이 느껴졌다. 남편은 몹시 수줍어했고, 내 착각이었는지 모르겠지만 목사님께서도 긴장하시는 것처럼 보였다. 중간에 철딱서니 없는 나만 신이 나서 행복해 하는 꼴이었다.

목사님은 진심으로 우리 부부를 위해 눈물로 기도해주고 위로해주셨다. 나는 목이 메어 눈물이 났다. 2주간에 걸쳐 목사님을 계속 뵙게 되었고, 목사님은 우리 부부에게 후원금도 주셨다. 오랜 투병생활로 가계 재정이 바닥이었기 때문에 차마 거절하지도 못하고 염치없이 봉투를 받고 말았다.

우리는 돌아오는 길에 감사기도를 드리면서, 갑자기 하나님의 위로하심이 느껴져 차 안에서 얼마나 울었는지 모른다. 정말 하나님은 생각지도 못한 방법으로 역사하시고 하나님의 영광을 드러내신다.

기나긴 암 투병 중에 정말 필요한 만나를 허락하시고 기적같이 위로의 손길을 보내주시는 주님을 보면서, 남편의 질병도 하나님의 때에 기적처럼 치유해주실 것만 같았다. 그리고 나는 이 긴 질병의 광야 끝에 주님께 받은 사랑이 흘러넘쳐 나도 베풀 줄 아는 사람이 되게 해달라고 기도했다.

이후로도 남편은 이찬수 목사님과 자주 통화하고 문자를 주고받으며 엄청난 위로와 사랑을 받았다. 우리 삶의 주인 되신 하나님께서 우리 부부에게 행하신 평생 기억될 만한 정말 감사한 일이었다.

제주도 요양 3개월 후
응급실 입원

두 번째 암 재발 후 2차항암제인 아바스틴으로 시작된 항암치료는 효과가 없었다. 3차약인 스티바가는 엄청난 부작용에 비해 효과는 아주 미미했다. 재발이 확인되고 2달쯤 지난 후, 남편은 기도 끝에 이제 더 이상 몸에 칼을 대고 독한 항암제를 들이붓는 치료는 하지 않겠다고 결단하고 자연으로 돌아가자고 했다.

2018년 5월의 끝자락 6번째 결혼기념일에 맞춰 우리는 제주도로 내려갔다. 포기한 건 아니었다. 그동안 해왔던 면역치료와 약들 중에서 우리가 할 수 있는 최선의 치료방법을 선택해 짐을 챙겨 내려갔다.

그동안 독한 항암제와 병원치료로 검게 변했던 남편은 제주의 맑은 공기와 좋은 음식으로 점점 생기를 찾아갔다. 작년에 '제주도 한달살이' 할 때의 즐거웠던 추억이 생각나면서 제발 그때 수준만큼만 건강을 회복시켜달라고 기도했다. 매일 오름을 오르고, 새벽마다 일어나 하나님께 전심을 다해 기도하고 부르짖었다. 기적이 일어날 것만 같았다.

그러나 희망 섞인 기대는 얼마 가지 못했다. 어느 날 밤부터 남편은 피를 쏟으며 괴로워하기 시작했다. 몰려오는 암성통증으로 제대로 걷지도 앉지도 못했고, 다리에는 부종이 생기기 시작했다. 제주도 생활 3개월 만에 서둘러 휠체어를 타고 서울로 올라와야 했다. 남편이 단골 국수집 국물이 먹고 싶다고 했다. 국물을 맛있게 먹던 모습이 지금도 눈에 선하다.

서울에 돌아와서 얼마 후 늦은 밤, 40도가 넘는 고열로 끙끙대고 있는 남편을 데리고 강남세브란스병원 응급실에 급히 입원했다. 의사는 양쪽 신장에 구멍을 내 당장 호스를 꼽지 않으면 수 시간 내로 사망할 수 있으니 소변줄을 꼽고 PCN시술을 해야 한다고 했다.

고통 속에 몸부림치는 남편을 부둥켜안고 시술을 받아야만 했다. 장루가 터져 시트가 오염되고 관장을 하던 레지던트 의사의 실수로 등쪽에 PCN시술한 곳까지 오물이 흘러 간호사들이 소독약을 들이붓고, 나는 울고 남편은 화내고 아수라장이 따로 없었다.

PCN시술이 끝나고 조금 회복되어 갈 무렵, 이번엔 황달이 왔다. 애완견 이름인 것만 같은 빌리루빈 수치가 천정부지로 치솟아 황달이 생겼다며 간수치가 더 올라가면 수일 내에 바로 사망할 수도 있으니 마음의 준비를 하라고 했다.

그리고 또 간에도 호스를 꽂아 담도배액이 흘러나오도록 관을 삽입하는 시술을 해야 한다고 했다.

전이된 암들은 덩어리를 만들어 장기들을 누르고, 정체된 체액과 혈액들은 몸을 썩게 만들고 있었다. 응급으로 몸에 수없이 구멍을 뚫어 관을 박아야 했고, 의사들은 정신없이 나보고 사인하라며 최악의 부작용들을 설명해댔다.

마치 고로쇠나무에 수액을 빨아내려고 빨대를 꽂은 것처럼 남편 몸엔 관이 주렁주렁 달렸다. 남편은 그 와중에 내 이름에 관자가 있어서 관이 많이 달리나보다 하며 썰렁한 농담을 던졌다.

의사는 나를 불러 더 이상 병원에서 방법이 없으니 호스피스로 가서 좋은 음식 먹고 좋은 공기 마시게 해주라고 말했다. 아무 표정 없이 가시 돋친 말을 내뱉는 의사 앞에서 나는 속으로 욕이 나왔지만 참아야 했다.

'그래 당신도 말하기 괴롭겠지.' 얼굴도 이름도 모르는 처음 보는 의사 앞에서 울고 싶지 않아 입술을 깨물었다. 하지만 참을 수 없었다. 북받쳐 오르는 설움이 마침내 폭발하여 내 얼굴에 있는 모든 구멍에서 액체가 흘러나왔다. 가슴이 타들어가는 것 같았다. 이제 정말 보내줘야 하는 건가?

언제부턴가 나는 마음속으로 3가지 상황을 상상하곤 했다.

1. 내가 먼저 천국 가는 상황.
'든든한 남편에게 모든 짐 다 맡기고, 나 혼자 천국 가서 미안하고 고마워. 우리 남편 불쌍해서 어떡하나… 부모님한텐 너무 죄송하지.'

2. 둘 다 같이 천국 가는 상황.
'소연이한테 너무 미안해… 미안… 근데 엄마아빠 둘 다 데려가시면, 하나님께서 화끈하게 책임져주시겠지.'

3. 남편이 먼저 천국 가는 상황.
'나쁜 사람… 장례식은 어떡하고, 당신 없이 못 사는 내가 먼저 가야지. 나 혼자 생고생하고 어찌 살라고… 둘 다 낫게 해주실 거 아니면 남편 먼저 가는 일이 없게 해주시길.'

아무것도 먹지 못하고 황달과 부종 관이 주렁주렁 박힌 채 극심한 통증으로 괴로워하는 남편을 옆에서 바라볼 수밖에 없는 등신이 된 나는 전기의자에 앉아있는 것처럼 고통스러웠다. 그 모습을 보고 있으면서도 나는 낫고 있는 중일 거라고, 이제 곧 하나님께서 고쳐주실 결정적인 타이밍이 올 거라고 믿고 싶었다.

나는 묵상 중에 말씀을 받았다.

"주님은 그 누구보다 우리가 강건하고 범사에 잘 되기를 바라는 분이시지만, 우리가 강건과 범사에 잘 되는 것을 먼저 구하길 바라지 않는다고 하신다. 우리가 먼저 구해야 할 것은 우리의 영혼이 잘 되는 것이고 그것은 하나님을 찾는 것이라고 하신다."

"흙으로 돌아갈 육체가 하나님께서 정하신 때를 향해 죽음으로 돌진하고 있고 너의 남편 또한 내가 정한 때로 잘 가고 있으니, 네가 그렇게 분노할 것까진 없다고 하신다. 그것이 섭리이고 축복이므로 방향 턴하지 말고 끝까지 잘 가라신다."

"특히 은주는 죽을 거 살려놨으니 덤으로 살아가는 인생이므로 옆에서 남편에게 하는 것을 내게 하듯이 군소리 말고 더 잘 하라고 하신다."

육체적 정신적 한계상황에 부딪힐 때마다 '싫어요. 못 참겠어요'가 하루에도 수십 번씩 튀어나왔지만 나는 스스로 되뇌었다. 나는 덤인 인생. 나는 거듭난 인생. 나는 그리스도인. 나는 소연이의 자랑스러운 엄마. 나는 이관희의 돕는 배필. 내 안에 나는 죽고 오직 예수님만 살아계시네.

19

우리 세 식구
조금만 더 살면 안 되는 건가요?

이대로 포기할 수 없었다. 암환우 커뮤니티의 운영자인 최한중 씨가 찾아왔다. 지인들은 모두 남편을 이대로 보낼 수는 없다며 어떻게든 살리려고 애를 썼다. 아파티닙이라는 중국에서 시판되고 있는 항암제가 효과가 있다는 정보를 얻었다며 그 약을 어떻게 해서라도 구해서 먹여보자고 했다.

이호경 PD도 중국에 있는 지인들을 총동원해서 그 약을 구하는 루트를 알아냈다. 최한중 씨는 그 약을 먹고 있는 사람한테 겨우 빌려왔다며 다급히 그 약을 가져와 내밀었다.

나는 하나님께서 기적을 보이실 거라 굳게 믿었다. 이호경 PD

도 이번에 이 약을 먹고 이관희 씨가 일어나면 자기도 하나님을 믿을 거라고 말했다. 이 PD의 영혼구원을 위해서라도 남편은 반드시 일어나야 했다.

남편에게 약을 권하자 남편은 나에게 충격적인 말을 했다.
"은주야, 오빠는 이 약을 먹는다고 해서 나을 거라고 생각하지 않아. 그리고 이 약을 먹는 이유는 오빠를 위해 많은 사람들이 기도해주고 수고해준 것에 대한 고마움의 보답일 뿐이지 그 이상도 그 이하도 아니야."

"무슨 뚱딴지같은 소리야! 낫는다고 생각하고 먹어! 나을 거란 말이야!"

남편은 이미 자기의 죽음을 예감한 듯 했다.

더 이상 강남세브란스병원에서 해줄 수 있는 치료가 없다고 해서 군포지샘병원으로 전원을 해야 했다. 집도 가깝고 교회식구들도 자주 올 수 있고, 혹시 모를 호스피스를 가게 되는 상황이 오더라도 그곳이 나을 거란 생각에서였다. 남편 없이 혼자 기록지를 가져가서 검사를 받고 9월 10일 전원을 하기로 입원확인서를 받아냈다.

9월 10일 오후, 퇴원수속을 마치고 앰뷸런스를 타고 군포지샘병원에 입원하러 갔는데, 타 병원 환자이므로 VRE균 감염검사 결과가 나올 때까지 입원이 불가능하다는 황당한 이야기를 들어야 했다.

미리 그런 사실을 알려주지 않은 병원 측에 항의했다. 나는 화를 내며 "응급한 환자이니 당장 입원시켜 달라"고 소리쳤다.

그때 남편이 내게 말했다.
"은주야! 오늘 소연이 생일이라고 하나님이 집에 가라고 하시나 봐. 이사한 집도 보고 싶고…" 라며 집에 가자고 했다. 남편이 강남세브란스병원에 입원해 있는 동안 전셋집 계약이 만기가 되어 다른 집으로 이사했는데, 아직 못 가본 남편이 보고 싶었나 보다.

온몸에 관을 주렁주렁 달고 다시 앰뷸런스를 타고 집으로 갔다. 그리고 소연이의 3번째 생일파티를 했다. 촬영감독님도 소연이의 생일선물을 사와서 함께 축하해주었다. 남편은 아무것도 모르는 소연이를 위해서 마지막 기도를 해주었고, 나는 내년 소연이 생일에도 남편이 함께할 수 있기를 기도했다. 지나고 보니 그날 입원이 안됐던 것이 우리 세 식구에겐 오히려 잘된 일이었다.

그렇게 참 감사한 하루를 보내고 다음날 아침, 통증으로 괴로워하는 남편을 싣고 다시 병원으로 향했다. 병원을 옮긴 후 남편은 급속도로 나빠졌다. 검은 피를 토하기 시작했고 아무것도 먹지 못했다. 가슴이 찢어지고 몸에 칼이 박히는 것 같았다.

남편을 바라보며 우는 것도 사치였다. 뒤돌아 흐느끼는 내게 "은주야 미안해, 오빠 토하는 거 보면 은주가 맘 아파할까봐 안 하려고 하는데 자꾸 나오네." 하고 억지로 웃으며 나를 달래는 남편이었다.

점점 창백해져가는 남편을 보는데 밤새 바라봐도 아깝고 아까웠다.

"오빠 사랑해… 제발 힘내… 하나님, 제발 우리 남편 좀 살려주세요, 제발요…."

겨우 며칠 밤을 샜을 뿐인데 빌어먹을 육신은 왜 이렇게 힘이 없는지 불면증으로 한숨도 못 자는 남편을 옆에 두고 졸려서 눈을 뜰 수가 없었고, 못 먹고 피를 토하는 남편 옆에서 배가 고파 꼬르륵 소리가 났다. 내 자신이 미웠다.

나는 눈을 감은 채 병실에서 기도하고 또 기도했다.

"하나님 데려가지 마세요, 제발요. 조금만 더 살게 해주세요. 하나님, 저는 이 말밖에 할 수가 없어요. 사람들은 현실을 직시하라는데, 준비하라는데 저는 도저히 못하겠어요. 하나님, 우리 세 식구 조금만 더 살면 안 되는 건가요? 그게 그렇게 큰 욕심인가요?"

너무 많이 울어서 더는 눈물이 안 나올 것 같은데 그래도 계속 나왔다. 너무 힘들어 피가 말라버리는 것 같았다. 나는 매시간 어떤 게 오빠를 위한 최선의 선택인지 묻고 또 물었다. 어떤 것도 후회가 되지 않게….

제주도 새별오름에서 찍은 사진

신기하게도 암이라는 고난을 만나기 전보다
함께 암환자가 되고 난 후 우리 부부는 금슬이 더 좋아졌다.

모르핀을 거부하고
임종하다

남편의 얼굴은 점점 더 창백해져갔다. 의사선생님은 빈혈수치가 너무 높다며 수혈을 해야 한다고 했고, 지속적으로 수혈을 받으려면 피가 잘 수급이 되어야 하는데 AB형이기 때문에 병원에 피가 없으니 주위에 같은 혈액형이 있으면 헌혈하는 곳에 가서 '군포지샘병원에 입원해있는 이관희 씨에게 헌혈한다.'고 말하고 헌혈을 하라고 했다.

어디에 가서 AB형 피를 구해온단 말인가. 하는 수 없이 교회에 도움을 요청했다. 그리고 '아름다운 동행' 암환우 카페에 AB형이 급하게 필요하다고 부탁했다. 암환자는 헌혈도 안 되니 더욱 난감했다. 미칠 노릇이었다. 그러나 기적이 일어났다. 문자와 소식은 삽시간에 엄청난 사람들에게 퍼졌고 남편을 위해 기도하던 많은 사람들이 자발적으로 헌혈을 해주었다.

심지어 어찌된 영문인지 지금도 모르지만 전라남도에서 헌혈을 하기 위해 한밤중에 병원으로 누가 찾아와 이관희 씨를 살려야 한다며 당장 자기 피를 뽑아가라고 소동을 벌이기도 했다. 병원 측에서는 피가 폭주하고 있고 이렇게 한 번에 피가 몰리면 쓸 수 없고 버려야 하는 일이 발생할 수도 있다며 당장 헌혈을 멈추게 하라고 경고하기도 했다.

그러나 이미 엎질러진 물을 담을 수 있는 방법은 없었다. 모든 수단과 방법을 동원해 다시 헌혈을 멈추라고 부탁했지만, 나는 이름도 모르는 사람들에게 헌혈하고 왔다는 전화를 밤새도록 받아야 했고, 병원으로부터 엄청난 질타와 욕을 먹어야 했다. 그러나 한편으로는 감사한 마음이 들었다.

'이렇게 많은 사람들이 남편을 위해 기도해주고 있구나. 적어도 피가 모자라서 죽을 일은 없겠네.' 하며 안심이 됐다.

수혈을 해도 잠깐 수치가 올라갈 뿐 남편은 계속해서 피수치가 떨어졌다. 그리고 폐에도 흉수가 차기 시작했다. 의사는 폐에도 관을 삽입해야 한다고 했다. 더 이상은 몸에 관을 꼽지 않겠다고 말했지만, 그러면 당장 숨을 쉴 수 없게 되고 환자도 불편할 거라고 했다. 결국 관 하나를 더 해야 했다. 미칠 지경이었다. 도대체 어디까지란 말인가? 남편은 부종이 심해져 똑바로 눕지도 못하는 상황이었다.

폐에도 관을 꽂는 시술을 하고 난 후 남편은 이상하게 호흡하기 시작했다. 숨을 중간에 끊었다가 다시 시작하고, 다시 멈췄다가 시작했는데 그 모습이 너무 아파보이고 무서운 생각이 들었다.

"오빠 왜 그래? 정신 좀 차려봐!"라고 소리쳤더니 눈을 번쩍 뜨며 "호들갑 떨지 마. 은주야, 오빠 괜찮아."라고 했다.

나중에 안 사실이지만 남편은 그때 이미 임종호흡을 시작하고 있었던 것이다. 그것도 모르고 남편과 더 많은 시간이 남았을 거라고 생각한 나는 엄마에게 남편을 잠시 맡긴 뒤 집에 가서 밀린 잠을 청했다. 몇 시간쯤 잤을까? 아침 일찍 엄마에게 전화가 왔다. "은주야, 빨리 와. 관희가 이상해. 은주야, 어서 빨리 와

빨리."

병원에 도착하니 남편은 양팔을 축 늘어뜨린 채 멍한 눈으로 한 곳을 응시하고 있었다. "오빠 왜 그래? 나 왔어, 말 좀 해봐" 남편은 날 보며 반가운 듯이 살며시 웃었다. 그리고 이내 무슨 말을 하려고 하는데 말하지 못했다. 곧장 의사가 불러서 갔더니 패혈증으로 진행되고 있어서 오늘밤이 고비이며 연명치료포기 각서에 사인을 하라고 했다.

그 자리에 쓰러져 통곡을 했다. 그리고 오빠를 아는 모든 목사님과 사람들에게 전화를 했다. 인사하러 오셔야 한다고… 무슨 생각이었는지 모르지만 다급하게 그 사실을 알려야만 한다는 생각이 들었다. 이미 시누이는 육감적인 촉으로 미국에서 티켓을 끊어서 한국으로 들어오고 있는 중이었다.

2018년 9월 15일 구역식구들과 목사님께서 오셔서 예배를 드리고 마지막 인사를 나누었다. 시댁어른들과 청년시절부터 남편의 멘토가 되어주셨던 주성길 목사님, 오빠의 오랜 믿음의 친구들 그리고 기도해주었던 모든 믿음의 지체들을 다 불렀다.

캐나다에서 집회 중이셨던 우리들교회 김양재 목사님은 새벽 시간임에도 전화해서 "이렇게 아픈 몸으로 예수를 전하고 간다는 것이 정말 큰 사명이고 너무 고마워요. 우리 천국에서 만나요."라고 작별인사를 해주셨다. 남편은 "아멘!"으로 답했다.

이찬수 목사님께 문자를 드렸다. 남편을 위해 기도해달라고…. 남편에게 내가 해줄 수 있는 게 그것밖에 없었다. 의사표현을 전혀 하지 못하던 그때에도 "이찬수 목사님께 기도 부탁드릴까?"라고 물었더니 남편은 사력을 다해 고개를 끄덕였다. 의식이 명료했던 것이다. 남편은 생애 마지막 순간, 사랑하던 목사님으로부터 이 땅에서의 마지막 기도를 받는 복을 누렸다.

남편은 눕지 못한 채로 몸에 주렁주렁 박힌 관으로 피와 물을 전부 쏟았다. 그리고 너무나 신기하게도 멀쩡했던 목이 오른쪽으로 돌아갔다. 왼쪽 목이 뻣뻣하게 굳으며 오른쪽으로 얼굴을 떨구었다. 아무리 목을 바로 돌려주려고 해도 되지 않았다. 그곳에 있던 모든 사람들이 나와 같은 생각을 했다.

흡사 그림으로만 봤던 예수님이 십자가에 못 박혀 돌아가실 때의 모습과 똑같아 보였다. 하나님과 단절된 아픔을 느끼며 피와

땀을 전부 쏟고 몰약을 탄 포도주를 거부하며 예수님이 느끼셨던 그 고통을 남편이 똑같이 체험하고 있는 것처럼 보였다.

남편은 지독한 정신력으로 끝까지 모르핀을 거부했다. 성경말씀을 읽고 싶다고, 하루도 성경말씀을 읽지 않으면 살 수가 없는데 모르핀을 맞으면 정신이 해롱거려져서 맑은 정신으로 말씀을 읽을 수가 없다며, 뼈가 산채로 으스러지는 것 같은 암성 통증을 그대로 참아냈다. 보는 것도 고통스러워 나는 몇 번이나 몰래 모르핀을 맞히고 싶었지만 참아야 했다.

늦은 오후 시누이가 도착했다. 몇 년 만에 본 오빠의 모습이 임종직전의 모습이었으니 놀랄 만도 했다. 고난의 시간을 함께 지나오며 신앙으로 바로 선 시누이도 오빠와 마지막 작별인사를 나누었다.

"선한 싸움을 다 싸우고 달려갈 길을 마치고 우리 이제 천국에서 만나는 거야."

9월 16일 0시 남편의 마흔 번째(만39세) 생일파티를 했다. 촛불을 불 힘이 없는 남편을 대신해 소연이가 아빠의 마지막 생일을 축하하며 케이크의 촛불을 껐다. 나는 오랜 밤샘으로 눈을 뜨고 있는 것조차 힘들었다. 간호사들은 남편의 상태가 오늘 밤 돌아가실 것 같지 않으니 집에 가서 자라고 했다. 그러나 아무도 철수하지 않고 촬영팀도 엄마도 시댁 식구들도 전부 병실에서 뜬눈으로 지새웠다. 의자에서 잠깐 잠이 들었는데, 새벽 3시가 좀 지났을까 이상한 느낌에 눈을 떴다. 산소포화도와 혈압이 떨어지고 있었다.

남편과 양평에서 투병 중일 때 내가 남편에게 했던 말이 떠올랐다.

"오빠, 우리 둘 중에 누가 먼저 갈지는 모르겠지만, 어쨌든 한 명이 먼저 가게 되면… 우리 죽는 순간에도 살려달라고 기도하자. 그러면 죽었다 살아날 수도 있잖아. 끝까지 하나님한테 살려달라고 기도하자. 난 그럴 거야. 오빠도 그래야 해."

2018년 9월 16일 새벽 3시 46분, 남편은 주님의 품 안에 어린 양처럼 아주 평안히 안겼다. 고통 속에 일그러져있던 얼굴의 모든 주름이 순식간에 펴졌고, 황홀할 정도로 하얗게 변했다. 신혼 첫날밤 침대에 누워 포근히 잠든 만족스런 모습, 그때의 얼굴이었다.

암성통증으로 육신의 처절한 고통 속에 있던 남편이 그 힘든 육신을 드디어 다 벗어던지고 그토록 사랑하는 주님 품에 달려가 천국으로 향하는 모습이었다. 차마 남편을 붙잡을 수가 없었다. 터져 나오는 울음을 참는 게 내가 남편에게 해줄 수 있는 전부였다.

"조금만 울게…"

새벽에 그렇게 사랑하는 남편을 보내고 너무나 허전하고 애통한 마음을 붙잡기 위해 아침 묵상을 시작했다. 하나님은 에스겔서 37장 말씀으로 위로해주셨다.

주님이 골고다 언덕에서 십자가를 지심으로 마른 뼈같이 죽어있던 영혼들을 살리시고 이스라엘 군대를 회복시키신 것처럼, 남편의 죽음이 결코 헛된 것이 아니며 그의 죽음을 통해 많은 영혼을 살릴 것이라고 말씀해주셨다.

다음날 아침, 갑자기 밀려오는 슬픔을 견딜 수 없어 눈을 뜨자마자 통곡을 했다. 하늘도 슬픈지 밤새 비가 와있었다. 남편의 얼굴을 볼 자신이 없었다.

드디어 입관식에 들어갔는데 놀랍게도 남편의 얼굴이 결혼식 때의 모습처럼 너무나 멋있었다. 나는 입가에 절로 미소가 번졌다. 입관식에 들어간 모든 식구들이 감사하다고 고백했다.

그 다음날 발인예배를 드리고 납골당으로 갈 때에는 양떼구름이 환한 햇빛 사이로 아주 빠르게 움직이는 것이 마치 천사들이 천국입성잔치를 하러 분주히 움직이는 모습같이 보였다.

다음날 밤에 남편은 하얀빛이 나는 광명한 옷을 입고 나를 바라보며 웃으며 꿈에 찾아와 주었다. 아주 기쁜 모습이었다. 남편이 천국에 있음을 믿을 수밖에 없도록 해주신 것이다. 남편의 죽음이 다가오면서부터 그때까지 내내 가슴을 짓눌렀던 답답함과 두려움이 씻은 듯이 사라졌다. 오히려 이 땅에서의 고난을 믿음으로 이겨내고 천국에 가있는 남편이 대견하고 부럽다는 생각까지 들었다.

2018년 9월 16일 마흔 번째 생일에
이 땅에서의 고난을 믿음으로 이겨내고
남편은 주님의 품에 안겼다.

21

영화
'교회오빠'의 완성

남편은 수고와 슬픔뿐인 이 땅에서의 사명을 너무나 잘 감당하고 천국에 갔지만, 남은자로서 내가 해야 할 일들은 결코 만만치 않았다. 남편 없이 처리해야 할 엄청난 서류정리, 법원 일, 상속문제, 그리고 남편이 내게 맡기고 간 남은 사명. 무엇보다 이관희의 아내로 부끄럽지 않게 살아야 했다.

남편을 떠나보내고 2019년 2월 정기검진을 갔다. 검진 때마다 나보다 남편 안부를 먼저 물어봐주는 이상한 주치의였기에 '이번에도 남편 안부를 먼저 물어보면 어떻게 대답하나? 울지 말아야지' 어금니 꽉 깨물고 들어갔는데 너무 감사하게도 내 얼굴을 쳐다보지도 않았다. 아마도 이미 알고 배려해주신 게 아닐까 생각한다.

'이상 없다'는 검진 결과를 듣고 문밖을 나서자마자 남편 얼굴이 떠올라 또 정신 나간 여자처럼 울었다.

그러나 길게 울 시간도 없었다. 이호경 PD를 만나야 했다. 남편이 소천하기 열흘 전, "회복 가능성이 전혀 없어 보이는 상황에서 영상을 찍는 것이 믿는 자에게나 믿지 않는 자에게나 무슨 유익이 있을 수 있겠느냐"하며 촬영을 거부했던 우리 부부에게 이 PD는 남편의 마지막 모습까지 촬영하고 싶다고 한 번 더 부탁했고, 영화사 대표가 찾아왔었다고 이야기 했다.

남편은 직감적으로 그것이 마지막 사명임을 깨닫고 "하나님은 눈부신 삶을 사는 사람을 증거로 삼기도 하지만 고통 속에서 주님을 놓지 않으려는 사람도 증거로 삼으신다"며 영화촬영에 동의했다. 나중에 전해들은 이야기지만, 마지막까지 효과가 있다는 항암제를 구하느라 반쯤 정신이 나가있던 나는 그때 "하든지 말든지 맘대로 하라고 해!" 하면서 화를 냈었다고 한다.

보여주고 싶지 않았을 처참하게 무너진 자신의 모습과 임종까지도 촬영을 허락한 마지막 결심은, 자신을 산 제물로 내어드리기 원했던 남편의 가장 큰 신앙고백이었음을 나는 이내 이해할 수 있었다.

방송국 파업 중에 동료들로부터 비난을 받으면서까지 2017년 12월 KBS스페셜 '앎, 교회오빠'라는 다큐멘터리를 방송할 수 있도록 수고해주신 고마운 분, 이호경 PD님. 정말 신기하게도 특별한 운명인 것처럼 이 PD의 친누나도 이관희 집사가 소천한 후 한 달 만에, 위암 투병 끝에 돌아가셨다고 한다.

엄마 같은 누님을 보낸 슬픔을 안고서도 이호경 PD님은 겨울 내내 회사의 지원도 없는 열악한 조건에서 편집 작업을 하셨고, 결국 의도치 않게 기독영화를 만들어낸 셈이 되었다. 하나님께서 하신 일이라고 밖에는 달리 설명할 방법이 없는 것 같다.

마지막까지 주님의 뜻에 순종하려 했고, 온전한 정신으로 주님을 바라보고 싶어 했으며 그분의 말씀이 삶의 모든 것이었고 하루라도 더 주님을 닮고 싶어 했던, 너무나 선하고 바라만 보아도 아깝고 아까운 남편의 이야기가 마침내 영화로 만들어진 것이다.

훗날 이관희 씨의 삶이 인정받아 욥과 같은 믿음의 삶으로 회자된다면, 뜨거운 눈물로 이 영상을 만들고 함께 소용돌이에 휘말려야만 했던 이호경 PD님의 선행 또한, 바울의 행적을 기록했던 누가처럼 모두에게 기억되기를 간절히 기도한다. 그리고 수고하신 촬영팀 모든 분들께 진심으로 감사한 마음뿐이다.

22

수고했다,
은주야!

●

최고의 감독과 최고의 일꾼들을 기적처럼 붙여주신 하나님, 비기독교인인 그들을 감동시켜 자발적으로 일하게 하신 하나님, 그 보상으로 세계 유수의 다큐멘터리상을 받게 하신 하나님, 나는 이 모든 일이 하나님의 인도하심이라고 믿는다.

PD님 말에 의하면 다른 작품에 비해 제작비도 크게 들이지 않았다고 하는데, 하나님은 남편의 신실한 '삶과 신앙'을 아름다운 작품으로 완성시키셨고, 우리가 상상하지 못한 방식으로 세상에 대놓고 자랑하셨다.

나는 믿는다. 이관희라는 씨앗이 땅에 떨어져 밀알이 되었으니,

이제 하나님께서 수많은 열매를 맺게 하실 것이라고.

하나님은 남편의 40번째 생일날인 2018년 9월 16일 남편을 이 땅에서 거두어 가시고 천국입성의 첫날이 되게 하셨다. 고마운 분들의 노력으로 겨울 동안 편집 작업이 끝나고 영화가 완성되었다. 우여곡절 끝에 영화 '교회오빠'를 정식으로 홍보하기 시작한 날은 2019년 3월 8일 내 생일이었다.

책을 출판할 생각이 없었는데 어느 날 하나님은 마음에 맞는 신앙인 출판편집팀을 보내주셨다. 내 마음에 의욕이 생기고 갑작스럽게 책 작업을 시작하게 된 날은 4월 26일 이호경 PD님의 생일이었다. '교회오빠' OST가 발매된 날은 5월 26일 우리 부부의 결혼기념일이었다.

모든 일이 마치 누가 계획한 시나리오에 따라 착착 진행되는 듯했다. 나는 이것도 하나님의 작은 사인이라고 믿는다.

이제 영화와 책은 하나님의 계획하심과 방법대로 그분의 때에 맞춰 합력하여 선을 이루어 가리라 믿는다.

그리고 나는 고백한다.

"너는 아무 걱정 말고 두려워말며 내가 하는 것을 지켜보라고 말씀해주시는 주님, 모든 것은 우연이 아니며 나의 섭리와 계획안에 있다고 말씀해주시는 주님, 제가 할 수 있는 것은 아무것도 없음을 고백합니다. 오직 주님의 행하심만 바라보며 잠잠히 순종하려 합니다."

정신없이 바쁘게 일처리 하다가 무슨 영문인지 귀신의 장난인지 남편의 모든 영상과 사진, 문서파일이 담긴 외장하드가 파손되어 버렸다. 신혼여행 때 사진부터 소연이의 출생, 투병 중 찍은 사진까지 모든 파일이 없어진 것이다. 정말 속상하고 안타까웠다.

이제 나에게 남겨진 남편에 관한 기록은 몇 권의 노트 외에는 이호경 PD님이 촬영한 영상물뿐이다. 하지만 나는 이 또한 우연이 아니라고 해석하기로 했다.

'남편에 관한 모든 기록 중 내가 기억해야 할 가장 중요한 것이 이것이라는 뜻이구나.'

그랬다! 남편이 나와 딸에게 남기고 싶었던 유산이 바로 '교회오빠'였던 거다. 훗날 소연이가 커서 아빠에 대해 궁금해할 때 이 '교회오빠'라는 영화와 책을 보여주게 되는 날을 떠올려본다.

소연이는 무럭무럭 자라 남편이 가르쳐 주었던 말씀을 곧잘 외운다. 아니 외운다기보다 웅변에 가깝게 말한다. 아빠는 어디에 있나? 천국엔 뭘 타고 가야하나? 빨리 보러 가자… 등의 말을 들으면 바보처럼 울기만 했었는데, 나도 이제 웃으며 대답해주곤 한다. 아직 죽음을 이해하기엔 너무 어린 나이라 걱정도 되지만 하나님께서 우리 소연이의 진짜 아버지가 되어주셔서 모든 삶을 인도해주시고 책임져주시리라 나는 믿는다.

지금도 앞으로도 동행하시며 우리의 삶을 인도하고 계시는 사랑의 하나님께서 하늘에 있는 남편과 이 땅에 있는 나를 통해 수많은 영혼이 주님께 돌아오는 기적을 행하시고, 절망과 고통 가운데 있는 사람들에게 치유와 회복의 은혜를 베풀어주시기를 간절히 기도한다.

나도 이 땅에서 내게 맡겨진 사명을 잘 감당하고 난 후, 하나님께서 부르실 때 마중 나와 있을 남편에게서 '수고했다, 은주야!' 하고 칭찬받을 장면을 상상하며 힘내서 살아가려 한다.

"나는 선한 싸움을 싸우고 나의 달려갈 길을 마치고 믿음을 지켰으니 이제 후로는 나를 위하여 의의 면류관이 예비되었으므로 주 곧 의로우신 재판장이 그 날에 내게 주실 것이며 내게만 아니라 주의 나타나심을 사모하는 모든 자에게도니라" 디모데후서 4:7~8

교회오빠 이관희
오은주·이호경 공저

초 판 발 행	2019년 7월 22일
초 판 11 쇄	2022년 3월 18일
발 행 처	국민일보사
발 행 인	변재운
등 록 번 호	제1995-000005호
주 소	서울시 영등포구 여의공원로 101
전 화	02.781.9036
이 메 일	kukmin277@naver.com
I S B N	978-89-7154-342-9

· 이 책의 디자인은 PWKdesign(www.pwkdesign.com) 에서 수고해주셨습니다.
  연락처 02.717.0131

· 값은 뒤표지에 있습니다.
· 저자와의 협약에 의해 인지는 생략합니다.
· 이 책은 저작권법에 의해 보호받는 저작물이므로 무단전재와 무단복제를 금합니다.